Niklaus Meienberg
Es ist kalt in Brandenburg

Niklaus Meienberg

Es ist kalt in Brandenburg

Ein Hitler-Attentat

Limmat Verlag Genossenschaft
Zürich

Dem Autor wurde mit einem Werkjahr der PRO HELVETIA unter die Arme gegriffen.
Er dankt.

Dokumente und Materialien zum Film über Maurice Bavaud sind in der Broschüre *Es ist kalt in Brandenburg (Hitler töten),* redigiert von Jörg Huber, ediert vom Schweizerischen Filmzentrum, Münstergasse 18, 8001 Zürich, erschienen.

Umschlag: Urs Husmann

© 1980 by Limmat Verlag Genossenschaft Zürich
ISBN 3 85791 030 5

*Içi, dans le Brandebourg, c'est l'hiver perpétuel.
Il pleut, il fait froid. Et en Helvétie?*

*Hier, in Brandenburg, herrscht ein ewiger Winter.
Es regnet, es ist kalt. Und in der Schweiz?*

(aus einem Brief von Maurice Bavaud, 22. August 1940,
geschrieben in Berlin-Plötzensee)

Reisen

Das Essen sei saumässig gewesen, ein Saufrass, und er habe sich den Magen dabei verdorben und später eine Magenoperation gehabt deswegen, und sei der Magen nicht mehr richtig genussfähig geworden, weil die Internatskost ihn endgültig zerstört habe, der Abscheu vor dem *damaligen* Essen sitze ihm noch tief in der Magengrube *heute*, und werde wohl niemals mehr ganz daraus verschwinden, das Essen sei recht eigentlich eine Strafe gewesen, man habe sich, auch bei knurrendem Magen, gefürchtet vor den Mahlzeiten und sich regelrecht zwingen müssen zur Nahrungsaufnahme, und trage er also ewig in seinen Kutteln herum die Erinnerung an die Missionsschule von Saint-Ilan in der Bretagne, und sein Magen werde sich bis ins Grab daran erinnern, sagt Louis Bernet in Estavayer-le-Lac, der Mercerieladenbesitzer, bevor er seine, mit hunderterlei Strickwaren und wollenem Tand bis zur Decke gefüllte, Mercerieboutique verriegelt und sich empfiehlt und in den obern Stock geht; zum Mittagessen.

Er ist nicht, wie ursprünglich geplant, Missionar geworden, sondern Mercerieladenbesitzer in dieser kleinen Stadt, und ist auch kein Attentäter geworden wie Maurice Bavaud, mit dem er die gleichen Schulbänke abgewetzt hat in Saint-Ilan; und niemand schreibt seine Biographie, sein Territorium ist der Mercerieladen, und der wäre vielleicht auch einen Roman wert. Hingegen schreiben alle über Maurice Bavaud; manche machen sogar einen Film über ihn.

Was wäre aus dem jugendlichen und schönen Maurice geworden, mussten wir in Estavayer-le-Lac denken, wenn er nicht in Plötzensee sein Leben verloren hätte. Er ist schon lange tot, und doch lebendiger geblieben als seine Mitschüler, zeitlosewig-jung und kann nicht altern. Sein Leben hat sich in einer kurzen Spanne verdichtet und zusammengedrängt, und jeder Tag davon wird mit der Lupe untersucht; staubsaugende Historiker und andere Forscher sind auf der Jagd nach seinen

Aufsatzheften, Briefe werden durchleuchtet, Gefängnis- und Hotelregister geprüft, die Zellen besucht, in denen er gesessen hat, die Schulkameraden befragt, die Familie auskultiert, der Ort eruiert, wo seine sterblichen Überreste liegen, kurzum: eine Persönlichkeit.
Tot ist einer erst, wenn sich niemand mehr an ihn erinnert. Auch Bavaud war lange tot, geköpft, gestorben und begraben, wiederauferstanden von den Toten erst nach langer Zeit. Das Andenken an ihn war von Staats wegen ausgemerzt gewesen, keine Spuren durften in der Öffentlichkeit erscheinen, die Erinnerung an ihn war lange Zeit so störend wie er selbst. Jetzt ist er wieder da, aber ein bisschen spät. Notizen, Tonbänder, Bilder, Fotos, Gesprächsfetzen, Dokumente, Gefühle, Dossiers, belichteter Film. Der Aushub häuft sich. Wir haben ein paar Jahre lang versucht, seine Spuren zu sichern, sind ihm nachgereist durch vier Länder und in verschiedene Vergangenheiten und Archive hinunter, Villi Hermann, Hans Stürm und ich.
Hans Stürm und ich sind katholischen Ursprungs und mit Internatsvergangenheit behaftet wie Maurice, sind wir doch beide in der Klosterschule D. eingeweckt gewesen, ich länger als Hans, so dass uns im Laufe der Erinnerungsarbeit die sauren Brocken der eigenen Vergangenheit wieder aufgestossen sind, aber auch die süssen Brocken, wir gehörten, und im Herzensgrund gehören wir vielleicht noch immer, zur katholischen Internationale und sind alle drei, Maurice, Hans und ich, an Fronleichnam hinter der Monstranz hergetrippelt und haben gesungen dabei O SALUTARIS HOSTIA
(– während Villi Hermann als Protestant von all dem nichts abbekommen hat –).
Und auch Roger Jendly aus Fribourg, der in unserm Film die Rolle von Bavaud vorzeigt, ist katholisch imprägniert worden im Collège Saint-Michel und man weiss, dass in Saint-Ilan (Bretagne), Fribourg und Disentis (Graubünden) derselbe lateinisch-gregorianische Choral praktiziert wurde, derselbe Saufrass kam auf den Tisch, und während wir Louis Bernet und seine Ess-Erinnerungen protokollieren, steigt der Geruch des Ess-Saals der Klosterschule D. ins Bewusstsein, und man hört die Mitschüler wütend mit den Löffeln auf die Tische trommeln und sieht sich selbst die immer gleichen tranigen Würste – ach,

der unvertilgbare Geschmack dieser fettgeschwängerten Würste in unserem Internatsgaumen – klatschend auf den Tisch schmettern vor Wut und hört die eigene Stimme von weither skandieren SAUFRASS SAUFRASS SAUFRASS SAUFRASS
bis der *Präfekt*, so nannte man die schwarzberockte Aufsichtsperson, in Saint-Ilan hiess er *Préfet de discipline*, energisch die Glocke schwenkte und wir, nachdem das Schweigen, respektive das *silentium*, wie man sagte, augenblicklich eingekehrt war, in die Kirche hinunter trippelten und dort zur Vesper sangen
    MAGNIFICAT ANIMA MEA DOMINUM;
    meine Seele preist den Herrn.

* * *

Wer filmt, nähert sich der Geschichte anders als wer schreibt. Es geht nicht ohne Augenschein. Man muss die Örtlichkeiten abschreiten, Augen brauchen, Ohren, bevor Kamera und Tonband die Arbeit beginnen. Man kann sich nicht damit begnügen, ein Buch über Plötzensee, wo Maurice Bavaud gefangen war, zu exzerpieren, man sollte die Zelle sehen und ausleuchten (ein Stück Vergangenheit ausleuchten). Dabei lässt es sich nicht vermeiden, dass auch der heutige Zustand der Strafanstalt ins Bild kommt. Man kann nicht so tun, als ob die Geschichte 1941 eingefroren wäre (beim Tod von Maurice), seither ist viel passiert, auf allen Gebieten, 1955 wurde zum Beispiel die Strafsache Bavaud wieder aufgerollt im sogenannten Wiedergutmachungsprozess, und dieser zweite Prozess ist vielleicht so wahnwitzig wie der erste.
Wir haben einen Film gemacht und sind, mit der Kamera bewaffnet, Bavaud nachgereist, welcher mit der Pistole bewaffnet war und einem Diktator nachgereist ist.
Wozu Geschichte?
Der Diktator ist tot, seine Zeit auch, und wird in dieser Form nicht auferstehen. Maurice ist auch tot, der Film nützt ihm nichts, und ob er der Familie Bavaud, den fünf hinterbliebenen Geschwistern nützt und der greisen Mutter, ist unsicher. Statt

dieses Attentat mit der Kamera nachzuvollziehen, hätten wir in all der aufgewendeten Zeit selbst ein Attentat vorbereiten können, an Diktatoren mangelt es nicht, Pinochet, Somoza, der Schah war auch noch im Saft, als wir zu filmen begannen. (Bavaud hat für seine Attentatsvorbereitungen weniger Zeit gebraucht als wir für den Film.)
Wir haben nicht genügend Courage für ein Attentat, sind vielleicht auch nicht von seiner Nützlichkeit überzeugt; oder reden uns das nur ein, weil wir nicht genügend Courage haben.
Beim Filmen haben wir nichts riskiert, ausser Nerven und viel Zeit. Der tote Attentäter hat uns jahrelang den Lebensrhythmus diktiert. Maurice hat bei seinen Reisen in Deutschland das Leben gewagt, das gibt ein Missverhältnis zwischen ihm und uns. Man kann jetzt in den beiden Deutschländern ohne Gefahr herumreisen und forschen, nur manchmal wird man ein bisschen schikaniert, und eine historische Erinnerung läuft vielleicht den Rücken herunter, wenn man heute *im einen Deutschland* die schwerbewachten Gefängnisse, in denen Bavaud damals eingesperrt war, und all die Maschinenpistolen und Polizisten sieht und die gründlichen Sicherheitsmassnahmen, und *im andern Deutschland* die Stiefel paradieren sieht – aber davon später.
Übrigens sind die Gefängnisse heute in Deutschland besser gesichert als damals. Auch der Bundeskanzler wird schärfer bewacht als der Reichskanzler im Jahre 38. Das ist nötig, weil auch die Attentäter effizienter geworden sind.
(Effizient, aber nutzlos. Seltsame Zeitverschiebung. Die Baader-Meinhof-Gruppe hat sich in der Epoche geirrt, ist zu spät gekommen. Im Jahre 38 ein paar gut und generalstabsmässig durchgeführte Attentate: und jeder Demokrat hätte sich gefreut, nicht nur klammheimlich. Eins für Himmler, eins für Göring, eins für H.)
Der Generalstab wagte damals kein Attentat. Nur Bavaud hatte schon den Mut.
Der muss beschrieben werden, nachdem er gefilmt wurde. Wenn man gefilmt hat, schreibt man anders, als wenn man nur zu Schreibzwecken unterwegs gewesen ist – vier sehen mehr als einer, und die Kamera protokolliert.

* * *

Weil wir der Geschichte von Maurice *jetzt* nachgegangen sind, 1978–1980, können wir von der Gegenwart nicht abstrahieren. Es spielt eine Rolle, ob man diese Biographie 1947, 1955, 1968 oder 1979 erforscht. Wir sind 1938 nicht dabeigewesen.
Aber von den Leuten, welche Bavaud damals angetroffen hat, leben einige noch, und was sie heute meinen, ist vielleicht so erheblich wie ihre Gedanken von gestern. Die Geschichte ist nicht ein sauber abgezirkeltes Gärtchen, ein chemisch herauspräpariertes Produkt, das im Fall Bavaud von der Jahreszahl 1941 eingehagt wird. Und sie entsteht nicht unabhängig von den Geschichts-Schreibern. Weil die Mutter seiner Frau in Plötzensee enthauptet wurde wie Maurice, schreibt Hochhuth anders als Urner, der behütete NZZ-Historiker. Ein etablierter Mensch wird für die Unberechenbarkeit und das jugendliche Draufgängertum von Maurice weniger übrig haben als Nicht-Etablierte, und die Zustände in einem katholischen Internat bedeuten etwas anderes für ehemalige Internatszöglinge, als für einen akademischen Dürrkopf.
Das sind Binsenwahrheiten, aber weil es immer noch Historiker gibt, welche im Ernst meinen, wie der Heilige Geist in völliger Abgelöstheit respektive Objektivität über der Wirklichkeit zu schweben, und ihre eigenen Arbeits- und Karrierebedingungen nicht reflektieren, muss nochmals kurz daran erinnert werden.
Auch ist es nutzlos, sich rückwirkend zu ereifern über die Grausamkeit des Dritten Reichs und längst vergangene Zustände des langen und breiten zu schildern, damit sich der Bürger einen behaglichen Nachmittag macht mit dieser Lektüre und feststellt: Wie schlimm war es damals, wie gut ist es heute; und angenehm frösteln darf in Erinnerung an böse Zeiten – nutzlos, wenn man dabei vergisst, dass Spurenelemente von damals noch vorhanden sind und Anpassung, Feigheit, Unterwürfigkeit, Mangel an rebellischem Geist, Staats-Hörigkeit, Untertanengeist, Behördengläubigkeit, Bravheit, Bequemlichkeit, Borniertheit, Karrierismus, Verklemmtheit und Strebertum, welche das Terrorregime nicht geschaffen, aber ermöglicht haben, immer noch leben.
Man kann ihnen nicht ausweichen, wenn man heute auf den Spuren von Maurice Bavaud unterwegs ist.

Vielfach Nebel und Hochnebel

Die Urteilsbegründung des Volksgerichtshofes, 2. Senat, betr. die öffentliche Sitzung vom 18. Dezember 1939, hält fest:

> Nachdem der Angeklagte auf der Nebenstelle der Dresdner Bank unter den Linden noch den gesamten Restbetrag seines Reisekreditbriefes in Höhe von 305.– RM sich hatte auszahlen lassen, begab er sich nach dem Anhalter Bahnhof und fuhr nach Berchtesgaden ab. Dort traf er im Laufe des 25. Oktober 1938 ein, nahm im dortigen Hotel «Stiftskeller» Wohnung und blieb bis zum 31. Oktober 1938 im genannten Ort.

Der genannte Ort muss damals, wenn man dem «Berchtesgadener Anzeiger» Glauben schenken kann, eine beträchtliche Anziehung auf Touristen ausgeübt haben. Für den Monat August 1938 wurden, wie das Fachorgan «Der Fremdenverkehr» vermerkte, in Berchtesgaden und Umgebung 77948 Übernachtungen gezählt. Man konnte hier oben Schuhplattler-Aufführungen sehen, verträumte Kapellen, eine bedeutende Stiftskirche, relativ unberührte Berge, ein Ganghofer-Denkmal und Hitler. Dieser hatte, seit er in seinem Berghof die Landschaft genoss, eine erkleckliche Vermehrung des Fremdenverkehrs bewirkt. Man hatte ihm auf einer Erhebung, der Reichskanzler-Adolf-Hitler-Höhe, einen Gedenkstein hingesetzt, das dankbare Gewerbe hatte allen Grund dazu. Die Präsenz des bekannten Politikers brachte nicht nur zusätzliche Touristen ins Gebirge, sondern auch einen Tross von Bediensteten, Polizisten, Soldaten, Ministerialbeamten. Gleich hinter Berchtesgaden, in Bischofswiesen, war eine Aussenstelle der Reichskanzlei gebaut worden.
«Fast jeden Tag» schreibt Josef Geiss in seiner schön bebilderten Broschüre, «besuchten Hitler Hunderte von Menschen». Er hat sich ihnen gern und oft gezeigt und Tuchfühlung mit dem Volk gehabt, Hände gedrückt, Kinder gestreichelt, ein

paar freundliche Worte gewechselt. Hier war er zugänglicher als in Berlin, volkstümlicher, fast unzeremoniös, die Höhenluft hat ihn halt entspannt. Man konnte gruppenweise zum Berghof pilgern, Metalldetektoren wie heute in den Flughäfen gab es nicht, eine manuelle Durchsuchung fand nur in Ausnahmefällen statt, die Besuchergruppen wurden von den Wachtposten oberflächlich gemustert.
Er war populär.
Im Oktober war allerdings die Führer-Sightseeing-Saison schon vorbei, es gab nur noch wenige Gruppen, denen ein unauffälliger Schweizer-Tourist sich hätte anschliessen können. Aber so ganz unmöglich war das nicht. Ein PR-Film des Verkehrsvereins Berchtesgaden, der im Archiv des Verkehrsvereins Berchtesgaden liegt, und heute vom Verkehrsverein Berchtesgaden nicht mehr propagandistisch eingesetzt wird, denn er ist ein Stummfilm und auch politisch nicht ganz auf dem neuesten Stand, zeigt, auf eine muntere Art, wie nahe man dem Führer auf die Haut rücken konnte. Man sieht eine Reisegesellschaft, die irgendwo im Unterland den Zug besteigt, einfache Leute, die sich an der Natur und den Monumenten freuen, erster Halt München, Frauenkirche, Feldherrnhalle, Braunes Haus. Dann zunehmend gebirgige Landschaft, Winken aus den Fenstern, Verzehr von Reiseproviant, gute Laune, Ankunft in Berchtesgaden, Schuhplattler von der brünstigsten Art, ein Hotel, zufällig der «Stiftskeller», wo Bavaud abgestiegen ist, samt behäbigem Wirt, die Kapelle St. Bartholomä mit Watzmann-Ostwand, ein monumentales Berg-Kruzifix und abschließend, Sehenswürdigkeit neben andern, den Berghof. Die Reisegesellschaft säumt die schmale Strasse, auf welcher gleich der Wagen des Reichskanzlers herunterkurven wird.
Da kommt er schon, langsam, ein schönes Kabriolett, vermutlich Mercedes, der Chef lässig neben dem Fahrer, ein Dackel rennt knapp vor dem Wagen über die Strasse, dass Kabriolett bremst, fährt Schritt-Tempo, der Volkskanzler ein bis zwei Meter vom Spalier der Leute entfernt und ungeschützt in nächster Nähe des Volkes – kein schlechter Moment für einen Pistolenschützen.
Der Film des Verkehrsvereins Berchtesgaden stammt aus dem

Jahre 1935, als das Gelände um den Berghof noch nicht abgesperrt war. 1938 war der Zutritt viel schwieriger geworden.
Am 25. Oktober ist Bavaud in Berchtesgaden eingetroffen, am 28. Oktober kam H. «Der Führer wieder auf dem Obersalzberg, bei einem Besuch auf dem Kehlstein mit seinen Gästen, Reichsminister Dr. Goebbels und Frau und ihren Kindern Helga, Hilde und Helmut», steht im Lokalblatt unter einem entsprechenden Foto. Während H., der Kinderfreund, mit den Kindern von Goebbels poussierte, trainierte Bavaud im Wald das Pistolenschiessen; er habe, so heisst es in der Anklageschrift, zu diesem Zweck während der Spaziergänge im Walde auf Bäume aus kurzer Entfernung, etwa auf 7 bis 8 m, insgesamt ungefähr 25 Schüsse abgegeben.
Die Schiessübungen sind nicht aufgefallen, keine Polizei ist eingeschritten. Das ist eigenartig, denn Berchtesgaden liegt nicht dort, wo Schützenvereine und Milizsoldaten das Schiessen zu einem festen Bestandteil der Landschaft machen.
Schüsse sind in dieser stillen Natur deutlich hörbar, auch solche aus einer kleinkalibrigen Pistole, der Schall trägt kilometerweit.

PR-Film des Verkehrsverein Berchtesgaden, 1935. Touristen in unmittelbarer Nähe des «Berghofs». Im Kabriolett vorne rechts: H.

(Wir haben für den Film die Szene nachgestellt. Man kann den Ton weit in der Runde nicht überhören. Und Bavaud besass keinen Schalldämpfer.)
In Berchtesgaden ging damals alles seinen gewohnten friedlichen Gang. Ende Oktober spielte das Mirabell-Tonkino an der Rainerstrasse «Diskretion Ehrensache» mit Heli Finkenzeller, Hans Holt, Theo Lingen u. d. gr. Komikeraufgebot. Der Wetterbericht des Reichswetterdienstes stellte für den 26. Oktober in Aussicht: Vielfach Nebel und Hochnebel, der sich auch tagsüber nur stellenweise auflöst, weiterhin schwachwindig und kalt, in Höhen vorwiegend heiter, leichter Nachtfrost. Im «Berchtesgadener Anzeiger» suchte gebildetes älteres Frl. mit jahrel. Erfahrung in Pensionsbetrieb, gesund und arbeitsfreudig, gewandt im Verkehr, Maschinenschr., Nähen u. beste Köchin, auch Diät und Veget., passende Stellung, Schriftl. Angebote unter C. L. an die Geschäftsstelle. Auf dem Wimbachlehen, Ramsen, war eine Kuh, beim Kalb stehend, zu verkaufen, in Bad Reichenhall kam der Jud Veilchenblau vor den Richter, und die Bergführer waren unterbeschäftigt, wie das Lokalblatt vermerkte: «Dass sich die Eingliederung der Ostmark in bezug auf Nachfrage nach Bergführern in unserem Gebiet ungünstig auswirken würde, war wohl vorauszusehen nach der langen Grenzsperre und dem begreiflichen Verlangen des deutschen Bergsteigers nach verhältnismässig leicht auszuführenden Hochtouren in den Gletschergebieten.»
Bavaud war hier fremd, er sprach fast kein Deutsch und suchte Anschluss. Die Anklageschrift hält fest:
> Auf Anregung des Betriebsführers des Hotels «Stiftskeller» suchte der Angeklagte während der Schulzeit in der Oberschule in Berchtesgaden den dort tätigen Studienassessor Ehrenspeck auf und brachte diesem gegenüber nach der Vorstellung zum Ausdruck, dass er infolge seiner mangelhaften Kenntnis der deutschen Sprache einen Verkehr mit französisch sprechenden Personen in Berchtesgaden suche. In der Folgezeit waren dann der genannte Studienassessor Ehrenspeck und der von diesem weiter hinzugezogene Studienassessor Reuther wiederholt mit dem Angeklagten in verschiedenen Gaststätten in Berchtesgaden zusammen.

Die beiden Studienassessoren haben sich gefreut, sie konnten ihr Französisch praktizieren, und Ehrenspeck liess den jungen Schweizer in der Schule auftreten; endlich jemand, der den Gymnasiasten einen französischen Originalton vorführte. (Vielleicht hat Maurice mit ihnen den subjonctif durchgenommen oder eine Passage aus «Les Lettres de mon moulin» vorgelesen.)
Ehrenspeck ist unterdessen gestorben, aber Reuther, der in Würzburg lebt, erinnert sich genau an den manierlichen, sauber gekleideten jungen Mann, welcher kurze Zeit bei Ehrenspeck *hospitiert* und einen vortrefflichen Eindruck gemacht habe. Er habe sich als Bewunderer des Nationalsozialismus ausgegeben und sich nach den Möglichkeiten erkundigt, auf den Berghof zu gelangen und den Führer zu sprechen. So etwas sei damals häufig vorgekommen, schwärmerische Leute aus aller Herren Länder seien in Berchtesgaden aufgetaucht, um einen Blick auf den Führer zu erhaschen, und der junge Schweizer sei deshalb nicht besonders aufgefallen. Man habe ihm bedeutet, dass es wohl unmöglich sein dürfte, in einer Privataudienz von H. im Berghof empfangen zu werden; und weil dieser sich sehr unregelmässig dort oben aufhielt, habe auch keine *Garantie* bestanden, ihn irgendwie, wenn auch nur kurz, zu Gesicht zu bekommen. Deshalb habe man dem jungen Mann empfohlen, sich am 9. 11. nach München zu begeben, weil H. mit Sicherheit immer am Erinnerungsmarsch teilgenommen habe und Maurice dort den Gegenstand seiner Verehrung ohne jeden Zweifel würde sehen können.
Er, Reuther, sei dann aus allen Wolken gefallen, als ihn die Gestapo wegen Maurice verhört habe; desgleichen Ehrenspeck. Man habe dem jungen Mann nie und nimmer ein Attentatsvorhaben zugetraut, er sei auch nicht im geringsten nervös gewesen, und nichts, aber auch gar nichts in seinem Verhalten, hätte sie misstrauisch stimmen können. Auch Major Deckert von der Sicherungsgruppe Berchtesgaden, der hin und wieder an ihrem Stammtisch in der «Post» aufgekreuzt sei, habe keinen Verdacht geschöpft und wäre doch, als Mit-Verantwortlicher für die Sicherheit des Führers, sozusagen professionell in der Lage gewesen, etwaige unlautere Absichten des Hospitanten Bavaud zu durchschauen; dieser habe sich jedoch auch in des Majors

Anwesenheit völlig locker verhalten. Man habe sich eben gar nicht vorstellen können, dass ein so korrekt gekleideter, anständiger, sanfter, ehrerbietiger junger Mann etwas Finsteres im Schilde führe; Attentäter habe man sich als dunkle, fanatische, eventuell glutäugige Individuen ausgemalt; und gar ein Attentäter aus der lieblich-harmlosen Schweiz –.
Der Vetter von Ehrenspeck, Adolf Ehrenspeck, der heute noch als Anwalt in Berchtesgaden tätig ist, hat Bavaud nicht kennengelernt, aber Willy hat ihm von der Geschichte erzählt. Auch ihm sei der Hospitant in keiner Weise verdächtig erschienen, und Attentate habe man sich generell nicht vorstellen können in dieser reinen Bergwelt. Sein Vetter sei übrigens nicht allzu gut angeschrieben gewesen bei der vorgesetzten Schulbehörde, weil er erstens nicht der Nationalsozialistischen Deutschen Arbeiterpartei beigetreten und zweitens, obwohl schon längst im heiratsfähigen Alter, immer noch ledig geblieben war; das sei übel vermerkt worden, einen anständigen Schulmeister habe man sich damals nur *verheiratet* vorstellen können, und nachdem sein Vetter mehrmals freundlich darauf hingewiesen worden sei, habe er dann doch noch geheiratet, und zwar standesgemäss, nämlich die Tochter eines Oberbergrates aus den nahen Salzbergwerken, eine ehemalige Schülerin, und sei diese Ehe mit Elfriede aber nicht glücklich geworden, weil sein Vetter eher ein Einzelgänger gewesen sei und für die Ehe nicht talentiert. Auf dessen Schulkarriere habe es sich nicht positiv ausgewirkt, dass er, obwohl unwissentlich und unwillentlich, in die Sache mit diesem Attentäter verwickelt gewesen sei, eventuell sei ein kleiner Verdacht an ihm hängen geblieben, weil schon *andere Minuspunkte* gegen ihn vorgelegen hätten.
Das Gymnasium gibt es immer noch, und Studienrat Schertl, der schon zu Bavauds Zeiten dort unterrichtet hat, ist immer noch im Amt und sagt, alles sei damals, 1938, *ganz normal gewesen*, nichts Außerordentliches sei passiert in jenen Zeiten. Er hat deutsche Literatur, Altphilologie, Geschichte und Kunstgeschichte unterrichtet, damals. Gewisse Dichter seien in der Schule nicht behandelt worden, das empfinde er als ganz normal, auch ohne staatliches Geheiss hätte er keine Lust gehabt, Brecht, Thomas Mann, Alfred Döblin durchzunehmen. Juden habe man *natürlich nicht* im Schuldienst toleriert, auch Kom-

munisten nicht, das sei selbstverständlich gewesen. Er selbst sei politisch nicht engagiert gewesen, sondern habe sich ganz normal, wie andere Lehrer, verhalten.
Alles ganz normal, sagt Schertl nach jedem dritten Satz.
In der Geschichte habe man den Akzent mehr auf die Mythen-Forschung gelegt, zum Beispiel seien die Sagen rings um den Watzmann, den bekannten Berchtesgadener-Berg, ein beliebter Schul-Stoff gewesen, auch die Geschichte des Oktoberfestes habe dazugehört. Vor dem Unterricht habe die Schülerschaft mit dem Hitlergruss gegrüsst, und nur wenige seien nicht Mitglied der HJ gewesen, Kinder von Generälen etc., deren Eltern mit Verachtung auf die Nazis heruntergeschaut hätten.
Hitler-Bilder seien, soweit vorrätig, in jedes Zimmer gehängt und dafür die Kruzifixe entfernt worden, was allerdings die überzeugten Katholiken nicht als schön empfunden hätten, in dieser traditionell frommen Gegend, und so sei denn die Mutter eines Schülers, eine spinnerte Person, nachts durch ein Schulfenster eingestiegen und habe ein Hitler-Bild ab-, und das Kruzifix wieder aufgehängt.
Der Zwischenfall habe für die Frau keine Weiterungen gebracht, weil man sie als deppert angeschaut habe, so was mache ein normaler Mensch nicht. Abgesehen davon habe stets eine gute Disziplin und tadellose Ordnung geherrscht zu jener Zeit, die Kinder von Göring und Bormann seien hier zur Schule gegangen, ganz normal, ihre Väter hatten auf dem Obersalzberg den zweiten Wohnsitz. (Vielleicht hat Bavaud auch mit den Göring- und Bormann-Kindern die französische Grammatik geübt.)
Nur ganz zum Schluss sei ein unangenehmer Zwischenfall zu verzeichnen gewesen. Eine fanatische Lehrerin, die nicht merkte, dass sich das Blatt wendete, habe sich im Frühjahr 1945 auf die Strasse gestellt und einen amerikanischen Panzer mit dem Hitler-Gruss begrüsst, worauf der Panzer mit einer Maschinengewehr-Garbe geantwortet habe und die Lehrerin tot umgefallen sei. Sonst habe die Politik im Lehrkörper keine Opfer gefordert, nur im Krieg seien einige Lehrer, und natürlich auch Schüler, umgekommen.

* * *

Auf dem Friedhof von Berchtesgaden sind innen an der Umfassungsmauer zahlreiche Grabplatten eingelassen. Es handelt sich nicht um eigentliche Gräber, die entsprechenden Gebeine sind abwesend. Jede Platte zeigt ein wetterbeständiges Foto, meist junge Gesichter. «Zum Andenken an den *tapferen Krieger* Anton Stangassinger vom Gebirgsjägerregiment 137. Teilnehmer am französischen, russischen und Afrika-Feldzug», heisst eine Inschrift. «Er ruht in russischer Erde». Andere ruhen in kretischer, rumänischer, ungarischer Erde. Die Fotos schauen in Richtung Berghof, die Blicke der Toten fixieren starr den Hang, wo der andere wohnte, der ihnen die Feldzüge samt Tapferkeit eingebrockt hat.
Auf manchen Platten sind auch die Orden erwähnt, Ritterkreuz etc., usw.
Alles ganz normal.
1938 waren die hier Verewigten noch fröhliche Soldaten gewesen.
«In den letzten Tagen», schrieb das Lokalblatt zu Bavauds Zeiten, am 27. Oktober 1938, «hielt ein Bataillon des Gebirgs-Jäger-Regiments 137 seinen Einzug in Saalfelden. Am Samstag trat es zur Vereidigung an. Auf dem festlich geschmückten Hauptplatz hatten sich zur Begrüssung viele Saalfelder eingefunden. Der Führer des Bataillons, Major Heller, machte die angetretenen Rekruten auf die Mannes- und Soldatenpflichten aufmerksam und nahm ihnen den Eid ab. Jedem alten Soldaten lachte das Herz im Leibe angesichts der strammen Soldaten. Eine besondere Weihe erhielt die Feier durch die Teilnahme der Gebirgsjägermusik aus Bad Reichenhall, die nachmittags auf dem Hauptplatz ein Konzert gab.»
An Allerseelen werden die Grabplatten regelmässig mit Blumen geschmückt.

* * *

Man habe sich damals angepasst und ohne Anpassung keine Arbeit kriegen können, sagt Studienrat Schertl. Er sei nach der Ausbildung arbeitslos gewesen und habe erst nach seinem Beitritt zum Nationalsozialistischen Lehrerbund die Stelle in

Berchtesgaden bekommen. Man passe sich an, sagt die junge Referendarin Heike B., die seit kurzem am Berchtesgadener Gymnasium fungiert, und während der Ausbildung dürfe man zwar denken, was man wolle, aber bei der Stellen-Vermittlung spiele die Persönlichkeits-Bewertung, wie sie es nennt, eine Rolle, und einige von ihren Kollegen seien deshalb stellenlos, und sie finde diese Entwicklung *beunruhigend*, aber am besten verhalte man sich *ruhig*, machen könne man nichts. Dann zahlt sie und geht mit Studienrat Schertl wieder ins Gymnasium, der nachmittägliche Unterricht beginnt pünktlich wie immer, und wir gehen auch wieder an die Arbeit nach dem gemütlichen Mittagessen im Gasthof, und seine Bodenständigkeit wird uns lange in Erinnerung bleiben und die Knödel lange den Magen beschweren.

Am Obersalzberg gibt es keine deutschen Soldaten mehr, die Amerikaner halten die Gegend besetzt seit 1945, ihre Soldaten erholen sich vom Militärdienst und fahren dort Ski, wo einst die Häuser der prominenten deutschen Politiker gestanden sind. Sie nennen das RECREATION AREA, Erholungsgebiet. Als Villi die Uniformen sieht, wird er ganz verstört, wir müssen ihn beruhigen, er hat prinzipiell etwas gegen Uniformen, und bleibt noch lange zapplig, das ist der Arbeit nicht zuträglich. Diese Seckel, sagt Villi, haben vor kurzem noch Krieg geführt in Südostasien und sich dann hier erholt, wo sich schon der andere erholte.

Villi tut, als ob der Vietnamkrieg noch nicht fertig wäre, und als ob, im Winter 1979, nicht ein Präsident regierte, der für die Menschenrechte schwärmt. Des Führers Residenz ist geschleift worden von den Amerikanern, es ist Gras darüber gewachsen. Nur die unterirdischen Gänge sind intakt geblieben, der Unterbau. Man muss 1 Mark einwerfen, das Drehkreuz bewegt sich, es geht in die Tiefe, DAS VERSCHMIEREN DER WÄNDE WIRD VON KONTROLLORGANEN ZUR ANZEIGE GEBRACHT, steht auf den von dieser Inschrift verschmierten Wänden. Es sind aber keine Kontrollorgane zu sehen, wir sind allein hier unten, und es ist kalt. Irgendwo tropft Wasser. HIER BEFINDEN SIE SICH CA. 10 METER UNTER DER ERDE. GERADEAUS SEHEN SIE: 1 MASCHINEN-GEWEHRSTAND UND 1 SEHSCHLITZ. Bei jeder rechtwinkligen Biegung des Ganges wieder 1 Maschinengewehrstand und 1

Sehschlitz. HINTER DIESER BACKSTEINMAUER BEFANDEN SICH DIE PRIVATEN RÄUME VON ADOLF HITLER UND EVA BRAUN. NICHT BETRETEN. EINSTURZGEFAHR. Wendeltreppen, rostige Türen, verrostete Geschichte, der Widerhall vom Schlurfen unserer Schuhe in den endlosen Gängen, Wendeltreppen und wieder ins Licht, dann Hundegebell. Ein fletschender Wolfshund, ein deutscher Schäfer, ein historischer Hund, wartet am Ausgang des Bunkers, bedroht Villi, der Hunde nicht riechen kann und wegrennt und auf das Autodach flüchtet, wohin ihm der Hund nicht folgen kann.
Hier hat früher ein renommierter Wolfshund gelebt, Blondi, der hat H. auf seinen Spaziergängen begleitet, und sei von ihm geliebt worden.

***

Bei der Rückkehr in die Pension Watzmann sitzt einer am Tisch, der uns bekannt vorkommt. Irgendwo haben wir den schon gesehen. Der sitzt starr vor seinem Bier und hat eine Haarsträhne in die Stirn gekämmt, schräg. Dann reisst er die Hand hoch und ruft: Wir brauchen wieder einen Führer.

Das meint er nicht ernst, er macht sich einen Jux, und alle finden das lustig, wenn Herr L., der tagsüber in einem Comestible-Laden arbeitet, zur Karnevalszeit den H. mimt, hier, wo der richtige H. gelebt hat. Man klopft sich allgemein auf die Schenkel. Nachdem er sein Schnäuzchen abgeschminkt hat und die Strähne nach oben gekämmt ist, findet L. wieder zurück zu seiner eigenen Stimme und sagt jetzt in ruhigem Ton, er spiele den H. schon lange und mit immer gleichbleibendem Erfolg, zuerst für die amerikanischen Soldaten, dann auch für deutsches Publikum, und ein *kleiner* H. könne, Spass beiseite, nicht schaden in der deutschen Politik, damit die Situation *bereinigt* und alles Fremde *ausgemerzt* werde, das alte Reich werde nicht wieder kommen, aber ein kleines Deutschland, ein echtes Deutschland, und eine Ordnung.
Niemand widerspricht, im Gegenteil; breite Zustimmung am Stammtisch.
Auch die Plaketten auf dem Friedhof finden alle ganz normal. Es war ein Raubkrieg, die halbe Welt wurde verwüstet, die jungen Berchtesgadener in die Armee gepresst, Bauchschüsse, abgefrorene Glieder in Russland, Hunger, Verlassenheit und Krepieren. Vor sich den Feind und hinter sich den General, und auf dem Friedhof sind es tapfere Krieger geworden. Das muss vermutlich so sein, sonst wäre der Nachschub nicht in den Krieg gezogen, wenn die Wahrheit auf den Gräbern ständ.
Von Bavaud weiss man, dass er Pazifist gewesen ist.

Ein deutscher Onkel

Die Waffe, mit welcher der Führer erschossen werden sollte, hatte Bavaud noch in der Schweiz erstanden, am 20. Oktober 1938 in Basel,

> wo er in dem Waffengeschäft des Büchsenmachers Bürgin, am Steinentor 13, für einen Preis von etwa 30 Franken eine Pistole Marke «Schmeisser», Kaliber 6.35 mm sowie 10 Patronen kaufte.

Den Büchsenmacher Bürgin gibt es immer noch, das Geschäft floriert, danke, und blieb in der Familie, der heute regierende Prinzipal war damals bei seinem Vater als Lehrling angestellt. «Um eine Person mit dieser Pistole reparaturunfähig zu schiessen», sagt Bürgin, «müsste man sich ihr bis auf ca. 3 Meter nähern». Bürgin hat Bavaud nicht in Erinnerung, auch sein Vater habe ihm nie etwas von diesem Pistolenkauf erzählt, für den man, bei dem kleinen Kaliber, seinerzeit keinen Waffenschein gebraucht habe.
Bavaud ist auch hier nicht aufgefallen.
Die Pistole sieht sehr enttäuschend aus, hat auf einer Handfläche Platz. Wir haben uns eine Attentats-Pistole anders vorgestellt. Bürgin nennt sie eine *Damenpistole*. Warum hat Bavaud nicht eine größere gekauft? Geld hatte er genug.
Andrerseits war die Schmeisser 6.35 praktisch, verursachte keine Ausbuchtungen in der Tasche, beim Kauf wurden keine störenden Fragen gestellt, es war eine vielverkaufte, beliebte, halbautomatische Selbstverteidigungswaffe. Bei der weiteren Munitionsbeschaffung in Berlin und München erregte das kleine Kaliber ebenfalls keinen Verdacht. Der Munitionsverkauf an Personen, die das 18. Lebensjahr zurückgelegt hatten, unterlag damals in Deutschland keiner Beschränkung. Alles hing also davon ab, wie nahe der Attentäter an die Person des Führers herankommen konnte. Die Handhabung der Pistole war nicht schwierig, der friedliche Roger Jendly, unser Bavaud-Darstel-

ler, welcher so wenig wie Bavaud etwas von Pistolen verstand, hat es nach einer kurzen Erläuterung kapiert und befriedigende Resultate erzielt im Schiesskeller des Waffenhändlers.
Man sei damals wie heute einfach zur Verfügung gestanden, sagt Bürgin, vor dem Krieg habe der Waffenverkauf zugenommen, und jetzt auch wieder, was vielleicht aus der Terroristenszene abgeleitet werden könne, und wenn es regne, verkaufe man auch mehr Regenschirme, das sei aber vielleicht ein hinkender Vergleich.
Viele Institute, resp. Banken, hätten unterdessen ihr eigenes Schiesstraining eingeführt, und müssten sich mit Waffen ausrüsten, resp. eindecken, das sei ein Gebot der Stunde, aber nicht nur in Basel, sondern gesamtschweizerisch.
Darauf schiesst Jendly ein paarmal im Schiesskeller, zuckt zuerst, trotz Gehörschutz, ein wenig zusammen, bekommt dann eine ruhige Hand und kontrolliert die Einschläge auf der Zielscheibe, während Hans mit seiner Kamera schiesst, und auf Villis Tonband zuckt die Geräuschanzeigenadel. Die kleine Pistole macht einen völlig unproportionierten, lauten Krach. Es ist noch akkurat dasselbe Modell wie 1938, sagt Bürgin, die hat sich bewährt. Aber ein Attentat mit diesem unscheinbaren Ding –.
In der Attentatsliteratur kommen Bomben, Gewehre, Maschinenpistolen, Gift, grosskalibrige Pistolen vor, aber keine Schmeisser 6.35. Bavaud hat damals null Erfahrung im Umgang mit Waffen gehabt, war noch nicht in der Rekrutenschule gewesen, welche ihn diesbezüglich einiges gelehrt hätte, als Auslandschweizer hatte er Dispens vom Militärdienst bekommen. Er war kein Spezialist. Und er konnte den Waffenhändler nicht fragen: Würden Sie mir bitte sagen, mit welchem Kaliber ich am besten ein Attentat verübe?

* * *

Im Sommer 1941 habe er eine erstaunliche Feststellung gemacht, berichtet Kurt Gschwend, der damals fünfzehnjährig war, Auslandschweizer, und in Augsburg lebte. Es sei bekanntgegeben worden, dass H. mit seinem Sonderzug in Augsburg erscheinen werde, auf der Durchreise. Die Notabeln der Gegend, Bürgermeister, Gauleiter etc., hätten sich zu diesem Zweck auf dem Bahnsteig eingefunden. Der Bahnhof ringsherum abgesperrt, grosses Polizei- und Militäraufgebot, Posten an der Bahnhofsperre (Eingang). Damals hatten die deutschen Bahnhöfe Eingangs- und Ausgangssperren, wo die Billette kontrolliert wurden. Er habe sich mit einem Kameraden in der Nähe des Bahnhofs herumgetrieben, nur so zum Plausch, und überrascht festgestellt, dass die andere Sperre (Ausgang) völlig unbewacht gewesen sei. Vermutlich hätten die deutschen Sicherheitsbeamten angenommen, dass kein anständiger Deutscher auf den Gedanken komme, durch einen *Ausgang* in den Bahnhof *hineinzugehen*, oder es sei sonst eine Panne gewesen. Item, er sei mit dem Freund hineingeschlüpft in den Bahnhof und habe dort zuerst eine leere Zugskomposition gesehen, welche, gewissermassen als Schild, jenes Perron abgeschirmt habe, auf welchem der Sonderzug erwartet worden sei. Weil vermutlich in keinem Reglement vorgeschrieben war, dass dieser Zug verriegelte Türen haben musste, seien sie ohne weiteres dort eingedrungen, und auf der andern Seite wieder hinaus, ohne von irgendwelcher Polizei behelligt zu werden. Musik, Kommandotöne, der Sonderzug fährt im Schritt-Tempo ein, H. am offenen Fenster, er, Gschwend, *ca. zwei Meter entfernt,* der andere greifbar nahe – da habe er unwillkürlich gedacht, wie günstig der Augenblick gewesen sei für einen spontanen Schuss. Niemand habe ihn beachtet, die Polizeideckung auf dem Perron sei minim gewesen, keiner habe dort mit einem Attentäter gerechnet, weil die Absperrmassnahmen *ringsherum* so gründlich waren. Kurt Gschwend, der diese Episode 1980 erzählt, macht keinen exaltierten Eindruck, eher einen handwerklich-soliden (er arbeitet heute als Buchhersteller in Bern).

Das war 1941, H. wurde viel besser beschützt als 1938. Damals, vor dem Krieg, und vor den ersten seriösen Attentaten, waren die Chancen nicht schlecht. In Berchtesgaden zum Beispiel, so erzählt der Lokalhistoriker Hellmuth Schöner, habe H. auch nach der Einrichtung des Sperrbezirks noch bis zum Krieg seinen Lieblingsspaziergang gemacht, mit wenigen Be-

gleitern, sozusagen in freier Natur, vom Lindenweg zum Hochlenzer hinauf. Das Terrain sei vor den Spaziergängen nicht durchsucht worden.
Und der Wirt Schwaiger von der Pension Watzmann, ein gestandener Berchtesgadener, erinnert sich, – nein, soweit reicht *seine* Erinnerung nicht zurück, er war noch zu klein, – erzählt, dass seine Eltern ihm erzählt haben, H. habe ihn, den kleinen Schwaiger, buchstäblich auf den Arm genommen, wie er es oftmals mit Kindern zu tun pflegte, die von den Eltern ihm dargebracht wurden im Berghof oben, wo man noch in den späten dreissiger Jahren in seine Nähe gelangen konnte, gruppenweise, wenn man unauffällig war.

* * *

Zum Reisen braucht es Geld. Wir haben es vom deutschen Fernsehen, vom deutsch-schweizerischen Fernsehen und von der Schweizerischen Eidgenossenschaft gekriegt, Abteilung Hürlimann (Kultur). Bavaud hat es der Mutter geklaut.
Kann man sich vorstellen, was es für einen gut erzogenen, katholischen, mittelständischen Burschen bedeutet, der eigenen Mutter Frs. 600.– zu entwenden? Er musste tief sitzende Hemmungen überwinden. Nach allem, was man weiss, hat er ein gutes Verhältnis zur Mutter gehabt, war keineswegs mit ihr verkracht, die Familie lebte in Harmonie, er war der grosse Bruder, ein Vorbild für die jüngeren Geschwister. Immer tadellos, sagen die Geschwister.
Die Reise nach Deutschland, die der überzeugte Katholik Bavaud am 9. Oktober 1938 in Neuchâtel angetreten und am 13. November desselben Jahres in Augsburg beendet hat, begann mit einem Verstoss gegen das 4. Gebot (Elternliebe) und gegen das 7. Gebot (Eigentumsgarantie) und setzte sich fort mit massenhaften Verletzungen des 8. Gebots (Wahrheitsliebe). Sie gipfelte in der Absicht, das 5. Gebot zu übertreten (Tötungsverbot). Das hätte Einiges zu beichten gegeben.
Du sollst, Du sollst nicht, Du sollst. Du sollst Vater und Mutter ehren, Du sollst nicht lügen. Du sollst nicht begehren Dei-

nes Nächsten Hab und Gut. Maurice hat gestohlen, gelogen, gefälscht, getäuscht, geprellt, hintergangen; töten wollte er auch. Strafgesetzbuch und Bibel, die in der wohlbeleumdeten Familie Bavaud hochgehalten wurden, hat er souverän ausser Kraft gesetzt, während seiner Deutschlandreise. Was gab ihm die Kraft, den christlich-bürgerlichen Schatten zu überspringen?
Nichts in seiner Vergangenheit hat ihn für diese Reise prädestiniert. Er wurde nicht jesuitisch erzogen, sondern von den Frères de l'Ecole chrétienne, in Neuchâtel, und später von den Pères du Saint-Esprit, in Saint-Ilan. Und doch hat er später zu Protokoll gegeben:

> Dass er sich die Mittel zu der Reise nach Deutschland durch Diebstahl zum Nachteil seiner Eltern verschafft habe, sei ihm in Hinsicht auf sein Ziel nicht so verwerflich erschienen und werde auch durch sein Vorhaben einigermassen bei ihm moralisch gerechtfertigt. (Urteilsbegründung)

Geld war nötig für die Reise, und als es ihm ausgegangen war...

> sein Vorhaben habe er schliesslich in Bischofswiesen am 12. November 1938 nur deshalb aufgegeben, weil er kein Geld mehr gehabt habe. Andernfalls hätte er noch weiter abgewartet, bis sich ihm eine günstige Gelegenheit zur Ausführung des geplanten Mordanschlages geboten hätte. (Urteilsbegründung)

Zum Reisen braucht es auch einen Pass. Dieser war abgelaufen, Bavaud liess seine Gültigkeitsdauer am 4. Oktober 1938 bis zum 4. November verlängern. Dann stahl er das Geld, bzw., wie die Akten sagen,

> beschaffte er sich die erforderlichen Geldmittel dadurch, dass er sich auf Grund seiner genauen Ortskenntnis den zweiten Schlüssel zu dem im Geschäft seiner Mutter befindlichen Geldschrank aneignete und dann aus diesem den Betrag von etwa 600 Schweizer Franken entwendete.

Die Mutter betrieb ein kleines Gemüsegeschäft, der Sohn hatte

in den Ferien ein bisschen ausgeholfen, deshalb die genaue Ortskenntnis. Auf diesen Diebstahl kommen die Akten nochmals zurück, sorgenvoll vermerken sie seine Verwerflichkeit – nicht genug, dass einer den Führer erschiessen will, er klaut auch noch bei der eigenen Mutter! Die Richter, die ihn töten werden, sind beleidigt ob soviel Rücksichtslosigkeit, ihr Kummer scheint auf in den korrekt gebauten, sorgfältig gedrechselten Richtersätzen mit den vielen Relativpronomen.
Am 9. Oktober, einem Sonntag, fuhr er morgens zwischen sechs und sieben Uhr nach Basel, besorgte sich dort eine Art von Traveller Checks, Reisekreditbrief nannte man es damals, im Werte von Reichsmark 555.–, und fuhr darauf nach Baden-Baden, wo er gegen 14 Uhr eintraf. In dieser Stadt hatte er Verwandtschaft, nämlich eine Grosstante, die Karoline Gutterer, geb. Nofaier. Zwischen den Bavauds in Neuchâtel und den Gutterers in Baden-Baden hatte zwar schon jahrelang kein Kontakt mehr bestanden, aber in der Not erinnert man sich der entferntesten Verwandten. Maurice kannte sonst in Deutschland keine Seele.
Warum sich nicht ein wenig akklimatisieren beim deutschen Zweig der eigenen Familie, bevor man weiter in das unbekannte Land eindringt?
Die Gutterers waren kleine Leute wie die Bavauds, Peter Gutterer figurierte in den Akten als Werkmeister, nach Feierabend war er Hauswart. Aber der Sohn Leopold, in den sie ihre Hoffnung setzten, hat es weit gebracht. Er war

> nach einem nicht abgeschlossenen Hochschulstudium, das unter anderem der Theaterwissenschaft galt, bereits 1925 der NSDAP beigetreten, fand dort eine hauptamtliche Stellung und wurde 1930 zum Gaupropagandaleiter in Hannover ernannt. Das «goldene Parteiabzeichen» wie das erhebliche Vorstrafenregister wegen in der Weimarer Republik begangener politischer Vergehen, das seine Personalakte «zierte», gereichten ihm ebenso zum Vorteil wie die hinlänglich bewiesene Fähigkeit, Massenaufmärsche wirkungsvoll arrangieren und inszenieren zu können. Schon 1937 wurde er zum Ministerialrat befördert, um im Jahr darauf mit der Leitung der Propagandaabteilung be-

traut zu werden, die vor dem Kriege als das wohl wichtigste Ressort des Ministeriums angesehen wurde. Am 20. April 1938 folgte die Ernennung zum Ministerialdirektor. (Willi A. Boelcke, Kriegspropaganda 1939–41)

1941 ist er sogar Staatssekretär im Propagandaministerium geworden, am 16. Mai, zwei Tage, nachdem sein Verwandter hingerichtet worden war. Doch 1944 stürzte er wieder in die Anonymität ab. Einer, der *noch* tüchtiger war im Gebrauch der Ellenbogen, verdrängte ihn, Gutterer wurde 1944 als *Unteroffizier* zu den Panzerjägern einberufen, obwohl er mit dem Titel eines SS-Brigadeführers dekoriert gewesen war.

Er lebt immer noch.

Ein amerikanischer Historiker, Gay W. Baird von der Miami University, hat ihn kürzlich besucht. Gutterer habe ganz offen gesprochen, einen Nachmittag lang. Gegen Ende des Interviews sei bei ihm die Emotion durchgebrochen, er habe sogar einige Tränen vergossen und «vom grossen Idealismus jener Tage, der unterdessen zerstört worden sei», erzählt. «This to me was curious, coming from an SS general», schreibt der Historiker in seinem Brief an Villi Hermann (22. 8. 1978).

In derselben Verwandtschaft einer, der H. umbringen will, und ein anderer, der sich vor Eifer fast umbringt, um die Pläne von H. zu verwirklichen. Der grosse Idealismus jener Tage hat Spuren hinterlassen im Protokoll der Ministerkonferenzen des Reichspropagandaministeriums.

> 6. November 1939. Herr Gutterer soll Erkundigungen über die Brotzuteilung an Strafgefangene und Zuchthäusler einziehen, da diese nach Berichten angeblich gegenüber den Arbeitern bevorzugt behandelt werden.

(Damals sass Bavaud im Gefängnis Moabit, Untersuchungshaft.)

8. November 1939. Herr Gutterer soll Material über die Verjudung der britischen Presse, der Bankwelt und der Regierungskreise zusammentragen lassen.

Unter dem Motto «Es soll nicht jeder alles das kaufen, was ihm zusteht» soll in Rundfunk und Presse die Kauflust angegangen werden. Herr Gutterer erhält den Auftrag, sich für eine Sendung einzusetzen, die zweimal wöchentlich

unter dem Kennwort «Die deutsche Hausfrau spricht» gesendet, diese Fragen in Zwiegesprächsform behandeln soll.
20. November 1939. Gutterer wird beauftragt, sich um die Beseitigung des Zigeunerwesens zu kümmern.
19. Mai 1940. Der Minister beauftragt Herrn Gutterer, bei Stapo und Sicherheitsdienst darauf zu dringen, dass in den neu besetzten Gebieten, vor allem in Holland, sofort Jagd auf deutsche Emigranten gemacht wird.
25. Mai 1940. Herr Gutterer soll zusammen mit Herrn Raskin ein Tagebuch eines englischen Gefangenen herstellen lassen, in dem Erlebnisse pornographischer Art aus Paris geschildert werden. Dieses Tagebuch soll dann über Frankreich abgeworfen und eventuell auch durch den Geheimsender ausgenutzt werden.
(Protokoll der Geheimen Ministerkonferenzen im Reichspropagandaministerium, Stuttgart 1966)

Herr Gutterer kümmerte sich auch um Details, am 26. Mai schlug er vor, dass in den Kinos während der Wochenschauen die Türen geschlossen bleiben. Am 3. Juni wurde er beauftragt, am Wannsee alle englischen Grammophon-Platten zuzüglich Grammophon-Apparaten beschlagnahmen zu lassen und ihre Besitzer, wenn sie nicht «unabkömmlich» seien, in Arbeitskolonnen zu beschäftigen (das wird ihnen die Liebe zur deutschen Musik beibringen). Am 20. Juli sollte er sich darum bemühen, aus Italien weitere grosse Pfirsichmengen für Berlin aufzukaufen, da die erste Sendung zum Preis von 36–40 Pfennig das Pfund recht guten Absatz gefunden hatte. Es sollte aber dafür gesorgt werden, dass die Pfirsiche nicht in überreifem Zustand nach Deutschland kamen. Am 5. März 1941 wurde er vom Minister beauftragt, für die Juden in Berlin – «die wir augenblicklich nicht herausbringen können, weil sie als Arbeitskräfte unentbehrlich sind» – ein Abzeichen zu schaffen.
Etc., etc., treu und fleissig, Pornographie und Pfirsiche, Emigrantenhatz und Wochenschau, Judenabzeichen und Hausfrauenbetreuung. Und immer Acht geben auf das Räuspern des Ministers, und keine Emotion zeigen, und die Sprache der Obern umsetzen für die Ohren des Volkes. Amtlich und korrekt. Kein Bluthund, nur ein Entwerfer von Reglementen, Weisungen,

Richtlinien. Er hätte keiner Fliege etwas zuleide tun können, auch keinem Juden, persönlich. Am 27. April 1943 schrieb er an Himmler: «Reichsführer! Für die Glückwünsche und ehrenden Worte, die Sie zusammen mit dem Buchgeschenk anlässlich meines Geburtstages an mich gerichtet haben, sage ich Ihnen meinen herzlichen Dank. Ich nehme diese Gelegenheit zum Anlass, Sie meiner steten Einsatzbereitschaft zu versichern. Mit Hitler Heil; Ihr treu ergebener Gutterer».
Eine grosse Nummer ist er trotz aller Dienstbeflissenheit nicht geworden, nur ein hochgestellter Ausführungsbeamter. Der Sohn des Hauswarts hat den raschen Aufstieg nicht verkraftet, die Intrigen im Reichspropagandaministerium wuchsen ihm über den Kopf. Es genügt nicht, sich immer anzupassen, man muss manchmal brutal auftreten können gegen die Konkurrenten und hart zuschlagen, nicht nur nach unten. Der schlauere, jüngere und schnellere Naumann hat ihn 1944 als Staatssekretär ersetzt. Und der treu ergebene Gutterer musste im letzten Moment sein Büro verlassen und in den wirklichen Krieg ziehen, den er bis jetzt nur propagandistisch geführt hatte.
Er lebt heute in Aachen.

* * *

Maurice wurde nicht unfreundlich empfangen von seinen Verwandten in Baden-Baden. Wie geht es dem Vater, was macht die Mutter, wir haben schon lange nichts mehr von Euch gehört! Und was macht die schöne Schweiz?
Wie es so ist, wenn Verwandte sich jahrelang nicht mehr gesehen haben. Auch wenn man sich nicht wirklich freut: man tut so, als ob. Man kann nicht gut anders, auch wenn der Gast unangemeldet kommt und jetzt einer mehr am Tisch sitzt. Aber der Grossneffe macht einen manierlichen Eindruck, sauber, bescheiden, und er suche, sagte er sofort, Arbeit in Deutschland, und zwar als technischer Zeichner, und wolle ihnen also nicht auf der Tasche liegen. Und hatte eine politische Einstellung, welche Anklang fand bei den Eltern des Ministerialdirektors,

gab seiner Bewunderung für die Leistungen des Nationalsozialismus Ausdruck; in den schönsten Farben.
Familie Gutterer war beruhigt. Man hatte sich über die Verwandten in Neuchâtel schon allerhand Gedanken gemacht in der letzten Zeit, die Mutter von Maurice galt als deutschfeindlich und hatte den Kontakt abreissen lassen. Und überhaupt die Schweiz ... Aber da war anscheinend eine junge Generation herangewachsen, welche sich durchaus auf der Höhe der Zeit bewegte. Es traf sich gut, dass an diesem 9. Oktober 1938 auch der Werkmeister Karl Gutterer, ein Neffe der Karoline, in Baden-Baden zu Besuch war, der konnte fliessend Französisch und hat Maurice den Familienanschluss erleichtert. Zwei Tage nach der Ankunft begann bereits die Arbeitssuche, die Stieftochter der Karoline, Paula Gutterer, fuhr mit Maurice nach Rastatt zum Arbeitsamt. Dort kannte sie einen Beamten,

> der sofort fernmündlich bei der Firma Daimler-Benz nach einer Arbeitsmöglichkeit für den Angeschuldigten nachfragte, jedoch den Bescheid erhielt, dass die Firma Ausländer nicht einstellen dürfe. Darauf fuhren alle drei zu den Stierlen-Werken, wo der Beamte das Arbeitsamt zusammen mit dem Angeschuldigten bei der Werkleitung vorsprach und dann zu der sie erwartenden Paula Gutterer mit dem Bescheid zurückkehrte, dass wahrscheinlich eine Einstellung des Angeschuldigten erfolgen werde, jedoch noch endgültiger schriftlicher Bescheid abzuwarten sei. Hierauf fuhren Paula Gutterer und der Angeschuldigte nach Baden-Baden zurück. (Anklageschrift)

Der schriftliche Bescheid lautete negativ, Maurice musste weiterhin von seinem Kreditbrief Geld abheben, und vertrieb sich die Zeit mit Spaziergängen. Er habe sich damals immer *pünktlich*, wie die Anklageschrift mit Befriedigung festhält, zu den Mahlzeiten bei Gutterers eingefunden. Seine Grosstante hatte ihrerseits pünktlich, aber ohne böse Absicht, den Sohn und Ministerialdirektor Leopold in Berlin dahingehend avisiert, dass da ein Verwandter aufgetaucht sei. Dieser, immer die Karriere vor Augen, orientierte pünktlich die Geheime Staatspolizei. Ein Fremder in Baden-Baden ... dazu noch ein technischer Zeichner ... in der Gegend, wo die Befestigungen des Westwalls gebaut wurden ... und auf Arbeitssuche ... Leopold Gutterer witterte Unrat. Wenn da etwas passierte, ein Verwandter von ihm als Spion, das war nicht günstig für das berufliche Fortkommen.

Die Polizei liess sich Zeit, sie funktionierte damals weniger rasant als heute, obwohl der Hinweis von einem hohen Beamten kam. Sie hat zuerst überhaupt nicht reagiert, Bavaud blieb noch ungestört bis zum 20. Oktober in Baden-Baden. Leopold Gutterer in Berlin war äusserst aufgewühlt und beschloss, seine Frau Auguste Viktoria, geborene Heil, nach Baden-Baden zu schicken, um die Eltern zu warnen. Es durfte auf keinen Fall vorkommen, dass Maurice sich bei der Arbeitssuche auf ihn, Gutterer, berufen würde.
Weil Gutterer ein höflicher Mensch war und Maurice nicht vor den Kopf gestossen werden sollte und auch keinen Verdacht schöpfen durfte, man war ja immerhin verwandt miteinander, reiste Auguste Viktoria nicht allein.

> Um die Reise als einen unauffälligen Verwandtenbesuch erscheinen zu lassen, nahm die Ehefrau des Ministerialdirektors ihren sechsjährigen Sohn Dietrich nach Baden-Baden mit. Dort entledigte sie sich des ihr erteilten Auftrages, konnte aber selbst eine unmittelbare Unterhaltung mit dem Angeschuldigten nicht führen, da sie die französische Sprache nicht beherrscht. (Anklageschrift)

Die Ehefrau als Spionin im Einsatz gegen den mutmasslichen Spion ... Der Sohn des Leopold und der Auguste Viktoria hat sich, vermutlich sah es die Mutti gar nicht gern, mit Maurice angefreundet. Dieser habe, so steht es in den Akten, das Kind oft zu seinen Spaziergängen in die Umgebung der Stadt Baden-Baden mitgenommen.

**

Der Sohn Dietrich lebt heute auch in Aachen, wie Leopold Gutterer, und bittet uns, den Vater nicht zu behelligen, dieser sei genug gestraft, es gehe ihm schlecht. Nach dem Krieg, aus dem der abgesetzte Staatssekretär heil zurückgekommen war, sei er als Landarbeiter untergetaucht und dann als Feuerwerker und Platzanweiser in einem Kino tätig geworden, nach einer kurzen Gefängnisstrafe, sein Abstieg sei endgültig, politisch sei

er enthaltsam und in keiner Weise mehr eine Gefahr. Auch habe er jeden Kontakt mit den noch lebenden Kameraden von damals abgebrochen und lebe ganz isoliert, ein bitterer alter Mann, und solle man ihn doch bitte schonen. Er, Dietrich, trage schwer an dem Bewusstsein, dass sein Vater ein derart hohes Tier im Dritten Reich gewesen sei, und spreche nie mit ihm darüber, das sei ein Familientabu.
An die Spaziergänge mit Maurice kann sich der Sohn nicht mehr erinnern.
Ist der 78jährige Gutterer noch identisch mit dem Staatssekretär, welcher sich um die Beseitigung des Zigeunerwesens bemühte? Und die Jagd auf Emigranten organisierte? Wir sind unsicher. Sollen wir ihm auflauern mit der Kamera und warten, bis er aus dem Haus kommt? Am Telefon sagt er, er habe nichts zu sagen. Und Maurice habe er damals der Polizei angezeigt, um seine Mutter vor Verwicklungen zu schützen.
Villi meint, wir sollen ihm abpassen, der sei eine alte Nazisau, gwüssgott, seinen eigenen Vetter bei der Polizei angezeigt, und das Judenabzeichen den Berliner-Juden verabfolgt, da müssten wir uns nicht genieren, den filmen wir, auch wenn er dagegen ist.
Wir wissen nicht recht.
Vielleicht haben wir zum Schluss nicht gefilmt, weil man sich ein bisschen vorkommt wie die Polizei, wenn man ständig vor einem Haus auf und ab geht, oder in den Büschen wartet.
Wie die Polizei, oder wie Attentäter.
Das Backstein-Reihenhaus am Rande von Aachen ist unauffällig und hat eine Gegensprechanlage. Wir haben sie nicht benutzt.

Zielübungen

Am 20. Oktober fuhr Maurice von Baden-Baden nach Basel, nachdem er die lieben Verwandten noch ein bisschen irregeführt hatte. Er äusserte sich dahingehend, dass er in Mannheim auf dem schweizerischen Konsulat wegen der Arbeitsbeschaffung vorbeischauen wolle. Auf dem Bahnhof gab er sein Gepäck nach Berlin auf, fuhr in die andere Richtung und kaufte in Basel bei Bürgin die Pistole. Vielleicht hatte er Lunte gerochen, die Zündschnur mottete, bei Gutterers konnte die Situation jeden Moment explodieren.

Am 21. Oktober taucht seine Spur in Berlin auf, im Hotel «Alexandra». Er meldet sich, die Gestapo hat es später nachgeprüft, auf einem *ordnungsgemäss* ausgefüllten Meldeschein unter seinem zutreffenden Namen polizeilich an, suchte am nächsten Tag nach einem möblierten Zimmer und wurde in der Berliner Strasse 146, bei der Rentnerin Anna Radke, in Wilmersdorf fündig. Mit dem geforderten Mietpreis von monatl. Reichsmark 35.– habe er sich einverstanden erklärt, so die Akten; und habe auch sofort für den Rest des Monats RM 13.– als Mietbetrag sowie RM 2.– als Kosten für die Beleuchtung gezahlt. Es steht alles ganz genau in den Akten, die Untersuchung wurde ordentlich geführt, man kann nicht klagen.

> «Der Rentnerin Radke machte er in gebrochener deutscher Sprache durch Gebrauch der einzelnen Worte ZIMMER / FREI / GLEICH HABEN verständlich, dass er das angebotene Zimmer sofort mieten wolle. Die weitere Verständigung erfolgte dann derart, dass die Rentnerin Radke ihre Fragen und Antworten auf einen Zettel schrieb, von dem sie dann der Angeschuldigte ablas, weil er die geschriebenen Worte besser verstand.»

Das Schild, welches ihn auf das möblierte Zimmer der Frau Radke hinwies, hat er «*etwa gegen 13.30 Uhr*» gesehen. Auch das steht in den Akten. Die Aktenkünstler, die hier am Werk gewesen sind, sollten einmal beschrieben, resp. biographisch behandelt werden.

Später wurden von den Behörden im bewussten Zimmer diverse Effekten sichergestellt, nämlich:

    1 Pullover
    2 Oberhemden
    1 Paar Strümpfe
    1 Unterhemd
    1 Unterhose
    1 Taschentuch
    1 Mundtuch

Diese Sachen waren sämtlich gebraucht. Ausserdem habe der Angeschuldigte in dem Zimmer mehrere Bücher, darunter die frz. Ausgabe des Buches «Mein Kampf» und das Buch «Ma doctrine», ferner Lehrbücher für die frz. Sprache, einen Stadtplan von Berlin, mehrere Schreibhefte und einen Brieföffner liegen lassen.

Die Rentnerin Radke war ebenfalls eine gründliche Person, hat nach der Abreise des Schweizers den Papierkorb durchnäuselt und eine Anzahl zerrissener Schriftstücke gefunden, die sie, Verdacht schöpfend, der Geheimen Staatspolizei überreichte, nämlich:

    Aufzeichnungen über Eisenbahnverbindungen
    1 Lebenslauf
    Lichtbilder vom Ehepaar Gutterer
    1 Druckpostkarte mit Abbildung des Führers
    1 Druckpostkarte mit Abbildung Friedrichs des Grossen

Die Wohnung der Rentnerin Radke hatte einen Balkon. Der ist in die Geschichte eingegangen, weil Frau Radke *von dort aus* ihrem Mieter die Lage des zuständigen Polizeireviers zeigte. Sehnse jonger Mann, dort mössen se sech anmölden! Der hat dann auch wirklich sich die Anmeldevordrucke beschafft und sie *ordnungsgemäss* ausgefüllt. Frau Radke und ihr Balkon wurden vom Lichtkegel der polizeilichen Ermittlungen gestreift und unsterblich gemacht. Der Balkon selbst, wie auch das Haus, wurde in den Feuerstürmen, die bald darauf Berlin veränderten, zerstört, wir haben das Gebäude nicht mehr ge-

funden, und die Rentnerin Radke ist natürlich auch schon tot; ob durch Kriegseinwirkung oder auf eine organische Art, möge dahingestellt bleiben.
Berlin hat sich überhaupt als Ganzes stark verändert, seit Maurice dort war. Der Anhalter Bahnhof, wo er seinerzeit eingetroffen ist, steht nicht mehr. Es soll ein schöner Bahnhof gewesen sein und von Menschen gewimmelt haben. Jetzt ist dort eine leere Fläche, *terrain vague*, der Schienenlärm ist längst verstummt, und durch die Fenster der einzigen Fassade, die stehen blieb, scheint der Himmel und die deutsche Geschichte.
Was hat er in Berlin gemacht?
Beim Onkel Gutterer, der im Grunewald eine schöne Villa hatte, konnte er nicht vorbeigehen. Hat also Zeitung gelesen und Patronen gekauft, fünfundzwanzig Stück, und ist durch die Stadt gewandert. *Wahrscheinlich*, so die Akten, stammen die Patronen aus einem Waffengeschäft in der Friedrichstrasse; Checkpoint Charlie. Damals konnte Bavaud frei in der Friedrichstrasse zirkulieren, man ging dort nicht von einem Land ins andere, die Mauer, welche H., den er umbringen wollte, als Spätfolge seiner Politik verursachte, hat die Strasse noch nicht zerschnitten. Vielleicht ist er auch ins Kino gegangen und hat Zarah Leander singen gehört, und der andere Schlager lag auch in der Luft

ADOLF HITLERS LIEBLINGSBLU-U-ME
IST DAS BESCHEIDNE E-DEL-WEISS

Er muss einsam gewesen sein in Berlin mit seinem Entschluss und der Schmeisser 6.35 im Sack. Die Stadt sah nun wirklich nicht so aus, als ob sie von einem Tyrannen hätte befreit werden müssen, alles sauber und ordentlich, auch monumental und im allgemeinen blühend, kein Blut auf dem Pflaster. Die Ordentlichkeit in Person. Dann die netten Schupos, die Eleganz unter den Linden, das alte Zeughaus, alles bestens. Das einzig Kriegerische war der Wachaufzug am Ehrenmal für die Gefallenen des Ersten Weltkrieges, aber der Stechschritt machte dort einen balletthaften, fast artistischen Eindruck. In den französischen Zeitungen, die er kaufte, hiess es, dass H. in München den Frieden gerettet habe.
Er muss total isoliert gewesen sein.

(Punkto Ordentlichkeit sollte noch nachgetragen werden, dass seinerzeit nur der Kurfürstendamm etwas exotisch wirkte. Herr Gutterer berichtete in einer Ministerkonferenz, «dass auf dem Kurfürstendamm das gleiche flanierende Pack zu beobachen sei wie immer. Der Minister gab in diesem Zusammenhang seinen Entschluss kund, sofort nach Kriegsende sämtliche 62 000 in Berlin noch lebende Juden innerhalb eines Zeitraumes von höchstens acht Wochen nach Polen schaffen zu lassen. Es gab einen bereits ausgearbeiteten Räumungsplan, in den sich auf Wunsch des Ministers auch Herr Gutterer einschalten sollte.»)
Man weiss nicht, ob Bavaud auch in Berlin versucht hat, an H. heranzukommen. Hier kam eigentlich nur das Hotel «Kaiserhof» in Frage, welches von H. zeitweise gern zum Tee aufgesucht worden ist. Wie der Historiker Peter Hoffmann schreibt, sei es dort, trotz kriminalistischen Massnahmen, einige Zeit hindurch nicht schwer gewesen, an H. heranzukommen. Jedoch habe H. seine Besuche dort aufgegeben, als er feststellte, dass die dem seinen benachbarten Tische als reserviert behandelt und kurz nach seinem Eintreffen von immer denselben älteren Damen besetzt wurden, denen die Kellner gegen entsprechende Trinkgelder telefonisch Bescheid sagten.
Am 25. Oktober ist Bavaud, nachdem er in der Zeitung «Le Jour» gelesen hatte, dass H. sich in Berchtesgaden aufhalte, mit einer Kraftdroschke, wie man damals sagte, zum Anhalter Bahnhof gefahren und hat den Zug nach Berchtesgaden bestiegen.

* * *

Als wir 1979, einundvierzig Jahre nach Bavaud, in Berlin eintrafen und Einlass begehrten in der Schweizerischen Gesandtschaft, die in Sachen Bavaud noch eine Rolle spielen wird, öffnete sich das Tor ganz langsam, und ein Wolfshund, ein deutscher Schäfer, ein prächtiger, streckte zuerst den Kopf heraus und zog dann an der Leine einen Mann hinter sich her, welcher erklärte, der Hauswart zu sein, Bänziger isch min Name, und

sagte, dass seit dem Abzug der Polizei ein Wachhund unabdingbar geworden sei, weil nach dem Kröcher-Tiedemann-Prozess, der in der Schweiz stattgefunden hatte, Drohungen auf der Gesandtschaft eingetroffen seien, man werde diese, je nach Ausgang des Prozesses, in die Luft sprengen oder auch eventuell das Personal beschiessen, und weil die Gesandtschaft allein auf weiter Flur steht und ringsherum kein Haus zu sehen ist und also keine Hilfe herbeigeschrien werden kann im Notfall, und auch die Keller der Gesandtschaft sehr weitläufig seien und man nie wisse, ob sich ein Terrorist darin verstecke, müsse ein Hund die Gesandtschaft bewachen.
Mä cha jo niä wösse.
Chom jetzt Fido, diä Männä machet der nünt.
Die Gesandtschaft gehört zu den Gebäuden in Berlin, die von den Feuerstürmen des Zweiten Weltkriegs unbehelligt geblieben sind. Ringsherum ist kilometerweit alles abgebrannt, von Bomben kahlgefressen. Grad gegenüber lag der preussische Generalstab, das Epizentrum der militärischen Erdbeben. Die wichtigsten Ministerien waren auch da gewesen, und grosse Handelsniederlassungen, ringsherum hatte sich der Reichtum verdichtet gehabt, der schweizerische Gesandte residiert nicht irgendwo. Ein schönes Viertel, man kann sich das gar nicht glänzend genug vorstellen. Heute weiden hier Schafe, und man darf nicht behaupten, dass dort, wo der Schatten des preussischen Generalstabs hinfiel, kein Gras mehr wächst.
Wie wird Beton zu Gras?
Aber die schweizerische Gesandtschaft ist stehengeblieben mitten in der Wüste, so wie die Schweiz stehen blieb im kaputten Europa. Die steht heute noch so da wie 1938 und ist im Parterre unverändert, als ob der Gesandte Frölicher jeden Moment vorfahren würde in seinem gewaltigen Horch-Automobil, das der bewährte Chauffeur Fritze immer zuverlässig steuerte, auch hinüber ins Lechtal, wo der Gesandte Frölicher sein Jagdrevier hatte, Fritze bekam bei der Pensionierung eine goldene Uhr von Frölicher, aber keine Pension. In Ursellen (Kt. Bern) hatte der Gesandte ein Schloss resp. eine Gentilhommière, ein Landsitzchen, dort hat er sich nach der Pensionierung zurückgezogen und das Leben eines Landedelmannes geführt, während der Diener Fernand, der ihn auf der Gesandtschaft umsorgt hatte,

sich nach seiner Verabschiedung in die Fabrik Thorens SA in die Westschweiz zurückzog, und dort das Leben eines Pförtners führte.

Es ist ein grosses Haus, neoklassizistisch, Sauerbruch verkehrte hier. Die mächtigen Lüster im Parterre und das kostbare Parkett. Der Ballsaal und die Kassettendecke. Die Uniformen bei den Empfängen, braun und schwarz, aber auch goldbetresste Diplomatenfräcke. Karajan verkehrte *auch* hier, der junge Karajan, und rühmte, wie gut die Kost gewesen sei, Ende des Krieges, als man in andern Gesandtschaften keinen Lachs mehr

Aus dem Tagebuch von Dr. Hans Frölicher, welches nur im Manuskript existiert

vorgesetzt bekam. Auch der Champagner ist immer geflossen, bis zum Schluss. Die Tochter von Frölicher, Frau Geiser, die ihren Vater nach Berlin begleitet hatte, erinnert sich, dass dieser *Schämpis* getrunken habe, als die Maginot-Linie fiel, d. h. von den Deutschen unten in Belgien umgangen wurde; eine Gefahr weniger für die Schweiz, ihr Vater sei eben ein *Superpatriot* gewesen. Am 21. März 1943 notierte er in seinem Tagebuch:

> Wenn Deutschland den Krieg verliert, dann allerdings ist es möglich, theoretisch, dass russische Ideen auch in den siegreichen Weststaaten Oberwasser bekämen, dass aber das besiegte Deutschland – offenbar dank der Judenermordung – gegen bolschwistisches Gift immun ist.

Er habe grosses Interesse für Musik gezeigt, weniger für Kunst, sie habe ihm trotzdem zum Geburtstag einst einen Pechstein gekauft, den sie im Atelier günstig gekriegt habe; entartete Kunst. Als begeisterter Jäger habe er auch in den Kriegszeiten immer das Waidwerk gepflegt. Tagebucheintragung vom 19. Mai 1943:

> Wir sitzen bei der «Sard» ein. Rechts und links fällt ein Hahn ein, rechts der stärkere; beide etwas weit für Schrot. Die Henne ist auch da und die Hähne gehen gegeneinander los. Ich schiesse als sie miteinander kämpfen, etwas weit. Sie lassen voneinander und ich schiesse noch einmal auf den stärkeren. Aber ohne Resultat, wie wenn kein Schrot in der Patrone wäre. Beide balzen auf Kugeldistanz weiter. Der stärkere Hahn will wieder sich dem schwächeren nähern. Ich schiesse zurück mit dem Ergebnis, dass er wieder sich um 50 m entfernt. Jetzt greife ich zur Büchse, muss aber auf den schwächeren schiessen, weil der stärkere nicht gut sichtbar ist. Mit der Kugel fällt der Hahn. Der andere ist jetzt auch fort und die Jagd ist aus.

Frölicher fuhr oft in die Schweiz, ferienhalber, als der Krieg ausbrach, war er im Engadin und ein wenig überrascht, er hatte das seinen deutschen Freunden gar nicht zugetraut. Bevorzugte Ferienorte waren Davos und St. Moritz. Am 1. August 1943 war er auch auf Schweizerreise, das Tagebuch hält fest:

Telegramm für die Bundesfeier in Berlin. Möge das gütige Schicksal, das über unserem Land gewaltet, auch die Kolonie vor Unglück bewahren – denn es ist klar: Ein grausiges Geschehen droht dieser Stadt!
Spaziergang am Quai, am blauen Zürichsee, und bis zum ehrwürdigen Rathaus zum Münsterplatz, wo um 10.00 Uhr eine Bundesfeier stattfindet. Im November 1918, während des Generalstreiks, wurde hier geschumpfen, gehetzt und geschossen. Das Militär musste die Volksmasse auseinander jagen. Wie anders ist es heute!

Das Schicksal hatte die Kolonie weitgehend vor Unglück bewahrt, während ringsherum in Europa gekämpft wurde, durften die schweizerischen Schützenvereine in Berlin, dank einer Spezialerlaubnis, die auf den Reichspräsidenten von Hindenburg zurückging, mit ihren Gewehren am Wannsee immer noch Schiessübungen veranstalten, man war überzeugt, dass die Schweizer ihre Ordonnanzgewehre nicht zu politischen Zwecken missbrauchen würden. Die Gesandtschaft wurde von der Berliner Feuerwehr besonders zuvorkommend behandelt, weil man den Feuerwehrleuten, wie sich ein ehemaliger Präsident des Berliner-Schweizervereins erinnert, allerhand Schweizer-Delikatessen habe zukommen lassen, so dass bei Brandgefahr immer zuerst die Schweizer-Gesandtschaft abgespritzt worden sei. Man hatte drei Ausweichquartiere in der Nähe von Berlin. Eines davon war Schloss Börnicke. Frölicher am 3. September 1943:

> Ruhige Nacht und schöner Morgen.
> Heute sind es 5 Jahre, dass England und Frankreich den Krieg erklärt haben. Am Morgen landen die Engländer in Kalabrien und damit auf dem europäischen Festland. In der Nacht heftiger Angriff auf Berlin.
> Nach der Tagesarbeit fuhr ich nach Börnicke. Wir besprechen Luftschutzfragen, trinke mit der Gräfin 2 Flaschen Cordon Rouge 1929 und ging getrost schlafen. Nach längerer Wartezeit brummten die Motoren, die Scheinwerfer hatten einen Engländer gefasst, der abdrehte und zu entkommen suchte. Unterdessen war der Grossangriff in Gange und zwar in der Richtung auf die Gesandtschaft.

Eine kolossale Röte entstand, so dass es auch um das Schloss ganz hell wurde. Ein Flaksplitter fiel auf den Balkon meines Zimmers, wo wir beobachteten. Riesige Rauchwolken, wie (unleserlich) stiegen auf. Nach 2.00 h war Endarlarm. Wir erhielten Verbindung mit der Gesandtschaft und hörten, dass der (unleserlich) Bahnhof getroffen sei, dass aber der Gesandtschaft nichts passierte. So können wir ruhig schlafen gehen.

Frölicher war es gelungen, ein Minimum an Lebensgenuss auch in diesen schwierigen Zeiten aufrechtzuerhalten, gestern Golf mit John Knittel, in die ersten Löcher brachte er 41 Schläge. Knittel war ein Schweizer-Autor, der noch mehr für Deutschland übrig hatte als Frölicher. Die Komponisten Schoeck und Sutermeister verkehrten auch auf der Gesandtschaft, Oberstkorpskommandant Wille war oft gesehener Gast, auch Staatssekretär von Weizsäcker und Divisionär Bircher und der Fremdenpolizeichef Rothmund, den er «einen tapferen Kämpfer gegen Überfremdung und Verjudung der Schweiz» nannte.

Gestern Golf, heute Golf und dann ein Thee bei Ministerialdirektor Wiehl, dem sympathischen Leiter der Handelsabteilung im Aussenamt. Meine Grossmutter hat schon gesagt: Gesundheit vor allem! (Samstag, 20. September 1942)

1943, sagt Frau Geiser, seien alle in der Gesandtschaft befindlichen Kunstgegenstände, sowie Frauen und Kinder, in die Schweiz zurückgeschickt worden. Minister Frölicher selbst fuhr erst in die Heimat zurück, als der Lärm der Roten Armee, das näherrückende Grollen der Artillerie, nicht mehr zu überhören war; er hat seine Mitarbeiter in Berlin zurückgelassen. Im Januar 1945 bat der Minister den Legationsrat und den Militärattaché zu einer Lagebesprechung in sein Büro.

«Machen Sie es sich bequem, meine Herren!» Er weist auf zwei Fauteuils hin und bietet aus einer gefüllten Dose ägyptische Import-Zigaretten an. Dankend lehnt der Major ab. «Ich bin immer noch Pfeifenraucher. Gestatten Sie?» – «Aber selbstverständlich!» Der Diplomat setzt sich auf die Chaiselongue, rückt eine Zigarettenkiste näher und erklärt:

«Ich ziehe eine gute Kubazigarre vor!»

Es ist ein grauer, nebliger Tag, einer von denen, die zu den von Glassplittern zerfetzten Teppichen und beschädigten Möbelstücken, dem zerbrochenen Leuchter, zu den gardinenlosen Fenstern des Arbeitszimmers und zu der trüben Stimmung des Ministers vorzüglich passen.

«Die Reichsregierung», beginnt er langsam, «bereitet ihre Übersiedlung nach dem Süden vor. Das Datum der Abreise ist noch nicht festgelegt. Wenn die Russen in den kommenden Wochen weitere Fortschritte machen, dann wird sie kaum hinausgeschoben werden!» Die Zigarrenasche abstreifend, fährt er nachdenklich fort: «So ungern ich die Gesandtschaft verlasse, es wird mir nichts anderes übrig bleiben, als der Regierung zu folgen, bei der ich akkreditiert bin!» (aus: Paul David, Am Königsplatz, die letzten Tage der schweizerischen Gesandtschaft in Berlin, Thomas-Verlag, Zürich 1948)

Die Möbelstücke sind unterdessen restauriert. Im Soussol wartet eine riesige Küche auf Bankette, die es nicht mehr geben wird. Die unterirdisch gelegenen, bescheidenen Dienstbotenzimmer stehen leer. Im Nebengebäude ist eine Serie von Tresoren in die Wand eingelassen. Hier seien im Krieg die Akten eingeschlossen gewesen, die man feuersicher aufbewahren wollte, sagt der Hauswart Bänziger, Wirtschaftsverhandlungen, etc. Die wurden später nach Bern überführt. Der kostbare Flügel ist auch weg, steht jetzt in der DDR, vielleicht ist der Diplomat, der uns dort vertritt, auch musikalisch. Die schöne ehemalige Gesandtschaft ist jetzt nur noch ein Konsulat. Sieht aber immer noch so aus, als ob sie auf eine Wiedervereinigung Deutschlands warte, der imperiale Ballsaal, fast unverändert, schreit nach seinem alten Inhalt, es liegt noch wie ein Klingeln von Champagnergläsern in der Luft, und der Geist von Legationsrat Kappeler, den man in Bern Kapitulationsrat Läppeler nannte, weil er den deutschen Wünschen immer so schnell entgegenkam, spielt Bridge mit den Damen, und Kazan, der sibirische Schlittenhund des Ministers Fröhlicher, reckt und streckt sich neben der Chaiselongue, und darauf sitzt der apostolische –

Der Nuntius, dem wir den Kurier nach der Schweiz besorgen, besuchte mich gestern. Er erkundigte sich wegen der Spezialbewilligung, die wir jetzt für Reisen über 50 km ausserhalb Berlins nötig haben. Auch er sieht die Lage Deutschlands nicht für günstig an und beklagt die Verluste an Gut und Leben. Er gibt den Engländern schuld, dass sie nicht die Einverleibung Danzigs akzeptiert haben. Der Nuntius ist Italiener. Er frägt, ob die katholische Presse in der Schweiz jetzt zurückhaltender schreibe. Monseigneur Besson (Bischof von Fribourg, Lausanne und Genf, seinerzeit), sei ein kluger Mann, der seinen Einfluss auf Mässigung geltend gemacht habe. Zuerst müsse man leben und das gelte auch hier in Deutschland für die katholische Kirche. (Tagebucheintragung Frölicher, 22. September 1942)

Wir stehen verloren unter dem grossen Lüster im Ballsaal und versuchen uns auszumalen, wie viel Verständnis ein Mann wie Frölicher, der Grandseigneur, für Bavaud haben konnte, den Sohn des Pöstlers, den Terroristen.
Beide sind 1938 in Berlin eingetroffen, Frölicher zu seinem Antrittsbesuch bei H., Bavaud für eine andere Art von Besuch. Sie haben sich nie persönlich kennengelernt. Bavaud ist für Frölicher ein Aktenvorgang geblieben, ein Traktandum. Er fiel nicht ins Gewicht; versteht sich.

* * *

Von Berlin fuhr Bavaud, wie gesagt, am 25. Oktober nach Berchtesgaden, und von dort am 31. Oktober nach München, wie es ihm der Studienassessor Ehrenspeck empfohlen hatte. Noch immer konnte er frei zirkulieren, keine Grossfahndung mit Suchbild war ausgelöst worden, obwohl die Geheime Staatspolizei zweimal einen Tip bekommen hatte, von Ministerialdirektor Gutterer und von der Rentnerin Radke. Und in Berchtesgaden hatte er immerhin in der freien Natur seine Zielübungen veranstaltet.
Später kaufte er in München nochmals drei Packungen Patro-

nen und etliche Zielscheiben, beim Waffenhändler Abele, der heute in Moosburg lebt und sich erinnert:

> Sehr geehrter Herr Herrmann! Bestätige dankend Ihr Schreiben vom 6. 11. 79. Ich erinnere mich noch heute an den jungen Menschen damals, als er Patronen CA 6,35 bei uns kaufte. Meine Frau bediente ihn, konnte ihn aber nicht verstehen u. holte mich aus der Werkstätte. Ich war gleich im Bilde, denn schon den ersten Weltkrieg machte ich in Frankreich mit u. dann war ich 5 Jahre in der Schweiz, wo ich so etwas Französisch lernte. Ich wurde von der Polizei in München geladen u. über den Verkauf vernommen.
> Den Namen des jungen Mannes erfuhr ich nicht. Ich habe ihn für einen Franzosen gehalten. Alle Patronen waren damals frei verkäuflich.
> Mein Geschäft habe ich schon vor 10 Jahren aufgegeben. Jetzt ist Büchsenmacherei nichts mehr. Der anständige Mensch wird umgangen, während die Türken und Italiener so viele Pistolen schmuggeln und auch sonst schwarz handeln. Ich hoffe Sie befriedigt zu haben und bin gern zu weiterer Nachricht bereit, Ihr Hans Abele, Büchsenmachermeister.

Auf dem Ammersee hat sich Bavaud nach dem Patronenkauf ein Boot gemietet, Papierschiffchen verfertigt und auf diese geschossen – der Schall trägt weit; die Polizei ist recht schnell mit einem Motorboot zur Stelle gewesen, als *wir* dort 1979, in ziemlich grosser Distanz vom Ufer, geschossen hatten. Es war kalt, und Roger Jendly, unser Bavaud, hatte sich unterdessen an die Pistole gewöhnt, zuckte bei dem Knall nicht mehr zusammen. Es ist übrigens gar nicht einfach, eine Serie von schwimmfähigen Papierschiffchen herzustellen, mit dem Boot ein wenig Abstand zu nehmen und von der schwankenden Unterlage aus zu zielen, bevor die Schiffchen sich mit Wasser vollsaugen. 1938 ist die Polizei nicht gekommen. Auch später nicht, im Wald von Pasing, wo er Zielscheiben an den Bäumen befestigte und ca. 80 *Probeschüsse*, wie die Akten berichten, abgab.
Unterdessen hatte er eine sichere Hand bekommen. In Mün-

chen ist er systematisch vorgegangen, und mit geschickter Verstellung. Es gab dort ein «Amt für den 9. November», welches Tribünenplätze verkaufte. Am 9. November fand seit 1933 immer der Gedenkmarsch statt, vom Bürgerbräukeller zur Feldherrnhalle; es sollte damit an den gescheiterten Putsch von 1923 erinnert und das Andenken an die von der Polizei erschossenen Kumpane auf allerfeierlichste Art heraufbeschwört werden. Bei dieser Gelegenheit defilierte H., zusammen mit Göring, Himmler und anderen, gemessenen Schrittes durch die Strassen der Innenstadt, zwischen den Zuschauerspalieren. Es war eine Riesenveranstaltung, ein weltliches Gegenstück zur Fronleichnamsprozession, und da brauchte es schon ein Amt. Der Amts-Geschäftsleiter Senftinger hat Bavaud, welcher sich als Korrespondent von welschschweizerischen Zeitungen ausgab, arglos eine sogenannte Ehrenkarte für die Tribüne bei der Heiliggeistkirche verschafft – Bonjour Monsieur, je représente la Gazette de Lausanne – als einzigem Ausländer; nach einem Presseausweis oder Pass wurde der auffällig junge Auslandkorrespondent nicht gefragt. Bavaud hat, wie immer, einen guten Eindruck gemacht.

* * *

– Kann ich ihren Presseausweis sehen?
Das Palais des Ministerpräsidenten ist schwer bewacht. Eine Serie von Maschinenpistolenträgern am Eingang, misstrauische Blicke. Unter Polizeibedeckung in die Eingangshalle, in einer Kabine mit schuss-sicherem Glas sitzt der bewaffnete Concierge, dazu elektronische Ueberwachung. Der Concierge telefoniert mit dem Presseattaché, Pässe nochmals vorgelegt, Presseausweis, eingehende Musterung, er erkundigt sich:
– Sind Sie die Herren Staub und Matt?
Es stellt sich heraus, dass Staub und Matt den Ministerpräsidenten kürzlich interviewt haben, und weil wir auch aus der Schweiz sind, glaubt der Presseattaché, dass die schon wieder hier sind, vielleicht haben sie eine Frage zu stellen vergessen.

Wir lassen den Presseattaché via Concierge fernmündlich wissen, dass wir nicht die sind und ihn, in einer wichtigen Interview-Angelegenheit, sehen müssen.
Eintritts-Erlaubnis.
Auf den einzelnen Stockwerken wieder Bewaffnete. Aber der Presseattaché trägt keine Pistole, oder vielleicht nur ein kleines Schmeisserchen in der Tasche, das keine Ausbuchtungen verursacht, und ist nett. Wir erklären, warum ein Interview mit dem Ministerpräsidenten in den Film eingebaut werden soll.
Der bekannte bayrische Politiker ist 1938 auch in München gewesen, zu Bavauds Zeiten, da war er Student, und wir suchen Leute, die uns das München von damals ein wenig schildern könnten, die Stadt, wie sie Bavaud erlebt hat – warum also nicht der Ministerpräsident?
Dazu vielleicht ein paar mehr philosophische Fragen, punkto Tyrannenmord; wie man mit H. anders fertig werden konnte als mit einem Attentat, und warum in dieser christlichen Stadt sich niemand aufgerafft hat?
Der Presseattaché notiert. Er trägt einen Nadelstreifen-Anzug, der von unsern Kleidern vorteilhaft absticht. Wir hätten gut daran getan, so gepflegt daherzukommen wie Bavaud.
Es sei schwierig vor den Wahlen, sagt der Nadelstreifenanzug. Und ob wir ein Empfehlungsschreiben vorweisen könnten von einer politischen Persönlichkeit in der Schweiz?
Haben wir nicht, aber könnten wir bekommen (ich frage später den alpinen Ständerat B., welchem ich zutraue, dass er den Ministerpräsidenten kennt. Das ist nicht der Fall, aber B. empfiehlt, bei Landamman S. in Schwyz eine Empfehlung zu holen, der habe den Ministerpräsidenten letzthin zur Landsgemeinde bei sich gehabt. Den S. kann ich aber nicht fragen, der würde im Gegenteil den Ministerpräsidenten vor uns warnen.)
Wir weisen darauf hin, dass zum Ausgleich auch der Konkurrent des Ministerpräsidenten, der Bundeskanzler Sch., um eine Stellungnahme in Sachen Tyrannenmord und Terrorismus (3. Reich) angegangen werden soll, und dass der Film am deutschen Fernsehen komme, und, falls Sch. zusage, aus Gründen der Symmetrie die Anwesenheit des Ministerpräsidenten im Film wünschbar sei; gerade vor den Wahlen.
Der Presseattaché blickt interessiert auf. Er wolle die Angele-

genheit vortragen, und wir sollen die Fragen schriftlich einreichen, in einigen Wochen erfolge der Bescheid.
Wieder an den Bewaffneten vorbei auf die Strasse, begleitet vom Gezirp der walkie-talkies der Bewaffneten. Wir erinnern uns, dass Bavaud bis zum 10. November in München war, hat also die Kristallnacht erlebt, in der Nacht vom 9. auf den 10. November 1938, die Männer in diesen Strassen gesehen und gehört, welche die jüdischen Geschäfte und Wohnungen demolierten: Beginn der offenen Judenverfolgung. Die Einsatzgruppen wurden nicht in amtlichen Fahrzeugen transportiert, es sollte nicht aussehen wie eine staatliche Aktion; spontane Volksabrechnung mit den Juden. Die Fahrer wurden vom Nationalsozialistischen Kraftfahrkorps, NSKK, gestellt, und der Ministerpräsident, damals ein junger Mann, hatte in diesem Kraftfahrkorps die Stellung eines *weltanschaulichen Referenten und Rottenführers* beim sogenannten *Sturm 23/M 86* bekleidet gehabt; um Rottenführer zu werden, musste man, laut Dienstvorschrift, «einwandfrei zuverlässiger, weltanschaulich gefestigter Nationalsozialist» sein und die Kameraden «für Führer und Bewegung begeistern». (Wenn der Ministerpräsident heute von diesem Korps spricht, so scheint es, als ob das ein Sport-Club gewesen sei, in dem ausschliesslich von Pferdestärken, Reifendruck und Ventilen die Rede war.) Er war auch Mitglied des Nationalsozialistischen Deutschen Studentenbundes* gewesen, eine politische Elite, nur maximal 5 % aller Studenten an deutschen Universitäten konnten dort sich einschreiben, im ganzen Reichsgebiet war die Zahl auf 5000 beschränkt worden. Aber kann man diese Mitgliedschaften einem jungen Mann ver-

---

* Der NSDStB war nicht harmlos. Er war, zusammen mit dem NSF-Dozentenbund, die offizielle Parteigliederung an den Hochschulen. Seine Aufgaben waren, in Zusammenarbeit mit dem Dozentenbund,
a) bei der Auswahl der Hochschullehrerschaft massgebend mitzuwirken
b) die gesamte Hochschullehrerschaft im Sinne der nationalsozialistischen Weltanschauung in Zusammenarbeit mit dem Reichsorganisationsleiter, Hauptschulungsamt, zu schulen
c) dahin zu wirken, dass sich das gesamte Hochschulwesen im Einklang mit den Bestrebungen der Partei befindet.

argen, der Karriere machen will? Und wäre es nicht geschmacklos, ihm die Frage zu stellen:

> Wo waren Sie in der Nacht vom 9. auf den 10. November 1938?

Man hätte auch die andern Münchner fragen können, auch die Münchnerinnen, alle über sechzig Jahre alten Leute in der Stadt. Die Synagoge hat gebrannt, gut sichtbar, ganz in der Nähe der Frauenkirche, wo der Kardinal residiert, die Schaufenster der nichtarischen Geschäfte waren demoliert, die meisten Warenhäuser auch, das fällt auf in einer ordentlichen Stadt, Mitbürger wurden verprügelt, und die Polizei sagte: NICHT STEHENBLEIBEN! In den Büchern ist nichts erwähnt von einer Bürgeraktion zum Schutze der Juden. Niemand ist stehengeblieben. Man wird ganz nervös, wenn man die älteren Deutschen sieht.
Das Interview mit dem Ministerpräsidenten kam nicht zustande.

※ ※ ※

Dann erwarb Bavaud im Strassenhandel ein Programm der kommenden Feierlichkeiten, zeichnete den Parcours des Gedenkmarsches auf einem Stadtplan ein, schritt die Örtlichkeiten ab und suchte den günstigsten Punkt, welchen er vorerst beim Kaffeehaus «City», wo die Strasse am engsten war, zu finden glaubte, und gab diesen Standort auf, nachdem er ihn mit dem Tribünenplatz bei der Heiliggeistkirche verglichen hatte.
Am Morgen des 9. November besetzte er zeitig, die geladene Pistole im Mantelsack, und versehen mit seiner Ehrenkarte, einen Platz in der ersten Reihe der Ehrentribüne. Es war dumpf und feierlich. Auf Säulen entlang des Parcours brannten Flammen in einer Art von Opferschalen. In regelmässigem Abstand aufgestellte Musikkapellen spielten totenmarschähnliche Melodien, es war wie in der Kirche. Und vielleicht ist es ihm vorgekommen, als passe diese Begräbnismusik gut zu seinem Plan.

Da kommen sie, mit ihren Andachtsmienen, mitten durch die Stille der Spaliere gestiefelt, verkrampft-ernste Politikergesichter, Leichenbittermienen, Steingesichter, H. in einer Reihe mit der ersten Garnitur, Göring, Himmler etc., die ganze Liturgie auf dem Marsch, und auf der Tribüne steht einer, der will das Zentrum dieser Macht mit einem Pistolenschuss erledigen, Kaliber 6.35, und rings herum stehen massenhaft die andern, die ganz anders gestimmt sind und in tiefer Erstarrung gefroren sind und diesen H. verehren, den das kleine Individuum dort töten will.
Aber der Abstand ist leider zu gross. Und all die hochgerissenen Arme, welche jetzt die Sicht verdecken. Der Platz beim Café City wäre doch besser gewesen.
Die Gruppe der führenden Politiker ist vorbeimarschiert, jetzt sieht man sie von hinten. Die Geschichte entfernt sich und zeigt ihren breiten Rücken.
Aufgeben?
Er muss erschöpft gewesen sein nach dieser Konzentration, und jetzt verliert er die Nerven, fertigt ein Empfehlungsschreiben an, signiert mit der gefälschten Unterschrift des bekannten

französischen Politikers Flandin: der Überbringer Maurice Bavaud müsse dem Führer persönlich eine Botschaft von Flandin aushändigen; fährt damit nach Berchtesgaden, schon wieder, lässt sich von einem Taxi Richtung Obersalzberg chauffieren, erfährt vom Wachtposten an der Schiessstättbrücke, dass der Führer abwesend sei, und kehrt noch am selben Abend nach München zurück.
Aufgeben?
Er heckt einen neuen, besseren Plan aus. Mit einer gemieteten Schreibmaschine, der Brief macht dann einen ordentlichen Eindruck, stellt er ein zweites Empfehlungsschreiben her, signiert mit dem Namen von Pierre Taittinger, dem bekannten Industriellen (Champagne Taittinger) und rechtsradikalen Député. Die Unterschrift des ehemaligen Ministerpräsidenten Flandin, überlegte er, war vielleicht bekannt, und die Fälschung hätte allzu schnell entlarvt werden können. (Der Name von Taittinger, so erklärte uns 1979 der französische Historiker Henri Fréville, sei zu diesem Zweck nicht schlecht gewählt gewesen, der Politiker sei von den Nazis, welche in Frankreich Sympathisanten suchten, stets umworben gewesen, habe ihnen jedoch, als guter Nationalist, die kalte Schulter gezeigt. Ein Brief von Taittinger an den Führer hätte auf einen Sinneswandel des französischen Politikers schliessen lassen, und der Überbringer eventuell mit einem freundlichen Empfang rechnen können.) Im Brief stand:

> Exzellenz,
> Ich bitte Sie, Herrn Maurice Bavaud gütigst empfangen zu wollen. Ich habe ihm einen Brief anvertraut, den er Ihnen nur eigenhändig übergeben wird. Es handelt sich um eine im wesentlichen private Mitteilung, obgleich darin auch von Politik die Rede ist.
> Genehmigen Sie, Exzellenz, die Versicherung meiner vorzüglichen Hochachtung.
>
> Sig. Pierre Taittinger, Abgeordneter von Paris und président du parti Républicain National et Socialiste.

Dann steckte er ein leeres Blatt in einen zweiten Umschlag, verschloss ihn und schrieb den Namen des Reichskanzlers darauf.

Mit der geladenen Pistole und den beiden Briefen ging er dann im sogenannten «Braunen Haus» vorbei, von wo ihn der zuständige Sachbearbeiter in das sogenannte «Haus des Führers» eskortieren liess; eine Durchsuchung fand nicht statt, auch keine Identitätskontrolle. Dort erklärte ihm ein anderer zuständiger Sachbearbeiter, dass der Zutritt beim Reichskanzler nicht in Frage käme (aber immerhin war er in den Vorhof der Macht eingedrungen); er könne ihm, dem Sachbearbeiter, die Botschaft von Taittinger anvertrauen. Falls er auf einem persönlichen Kontakt mit H. bestehe, möge er es in der Aussenstelle der Reichskanzlei in Bischofswiesen, nähe Berchtesgaden, nochmals versuchen.

* * *

Diese Mischung aus Frechheit und Naivität, Sorglosigkeit und Berechnung, Leichtsinn und Intuition. War Bavaud ein seriöser Attentäter? Er hat keine konspirative Schulung gehabt, wusste nicht, wie man sich im Untergrund bewegt, hat improvisiert. Ein Amateur. Aber gerade die Improvisation, gepaart mit Hartnäckigkeit, war vielleicht seine Stärke. Seine Unberechenbarkeit hat die Rationalität der Abwehrmassnahmen unterlaufen. Ein Mensch wie Bavaud war im Sicherheitsdispositiv nicht vorgesehen, so einer war unvorstellbar. Man war eingerichtet auf die Überwachung von Personengruppen, die einen plausiblen Attentatsgrund hatten, deutsche Kommunisten, Sozialdemokraten, dissidente SA-Leute. Je mehr Verschwörer an den Attentatsvorbereitungen beteiligt sind, je länger sie daran arbeiten, desto grösser die Chance, dass sie auffliegen. Bavaud war Ausländer und kam allein, hat auf der ganzen Reise mit niemandem über den Plan geredet (wie hat er die Einsamkeit durchgestanden?), machte eine wilde unberechenbare Reise in diesem Land, das er nie zuvor betreten hatte. Wie ein Irrwisch durchquerte er Deutschland, hielt sich nie länger als 10 Tage am gleichen Ort auf. Zwar ist er verdächtigt worden, von der Witwe Radke und vom Ministerialdirektor Gutterer, aber nicht als potentieller Attentäter, und bevor die Polizei etwas unternahm, war er immer wieder verschwunden. Der Mann, den er umbringen wollte, hat einen seltsamen Respekt für ihn gehabt; H. sagte in den Tischgesprächen:

> Bei den Bürgerlichen und den Marxisten fänden sich kaum Attentäter, die das Attentat mit dem Vorsatz durchführten, notfalls auch ihr eigenes Leben daranzusetzen. Gefährlich seien daher nur die von den Schwarzen im Beichtstuhl aufgeputschten Attentäter oder nationalgesinnte Leute aus den von unseren Truppen besetzten Ländern. (...) Hätte der Schweizer eine Bombe gehabt, hätte er ihn bei einer Veranstaltung, zu der er von uns selbst eine Tribünen-Ehrenkarte erhalten gehabt habe, ebenso sicher erledigt, wie er so nicht zum Schuss gekommen sei. (...) Die Aussagen dieses Schweizers seien für ihn insofern von besonderem Interesse gewesen, als sie seine Auffassung bestätigt hätten, dass gegen einen idealistisch gesinnten Attentäter, der für seinen Plan rücksichtslos sein Leben aufs Spiel setzte, kein Kraut gewachsen sei.

H. war so sehr beeindruckt, dass er den 9. November-Gedenkmarsch für 1939 absagen liess. Auch brachte er Bavaud in Verbindung mit der Widerstandsfigur des Wilhelm Tell. Kurz nach der Hinrichtung des Schweizers liess er alle Aufführungen von Schillers Drama, das als Ermunterung zur Rebellion verstanden werden konnte, verbieten. In seinen Kommentaren zu Bavaud in den Tischgesprächen hat er einiges durcheinandergebracht und aufgebauscht, aus *einer* Pistole wurden *zwei*, aus der *Woche*, die Bavaud in Berchtesgaden verbrachte, *drei Monate*, etc. Aber den Kern hat er richtig erfasst – dass ihm der Schweizer wie ein Vergifteter nachgereist ist und das Leben riskiert hat; dass er in seine Nähe vordringen konnte. Bavaud ist ihm nahegegangen. Manche meinen, H. habe sich vor seinen Zuhörern mit der Gefahr, in die ihn Bavaud gebracht habe, nur wichtig machen wollen, in Wirklichkeit habe sie nie existiert. Es bestand aber kein Mangel an Attentatsversuchen, mit denen H. seine Zuhörer hätte beeindrucken können; und doch ist er immer wieder auf *diesen* zu sprechen gekommen. Vielleicht hat er hier einen Willen gespürt, der so hart gewesen ist wie sein eigener.

Aufgeben?
Bavaud fährt wieder Richtung Berchtesgaden, steigt in Bischofswiesen aus, will in der anbrechenden Dunkelheit zu Fuss die Aussenstelle der Reichskanzlei erreichen, merkt, dass es Samstag ist und die Büros schon geschlossen sind, kehrt um, nimmt in Freilassing den Zug nach Paris, wird vom Kondukteur ohne Fahrkarte angetroffen und in Augsburg der Bahnpolizei übergeben. Bei seiner Festnahme trägt er noch RM 1.52 auf sich. Weil er die Pistole und die seltsamen Empfehlungsschreiben nicht fortgeworfen hat, wird er der Geheimen Staatspolizei überstellt.
Die Arbeit der juristischen Vernichtungsmaschine hat begonnen.

Reglementiertes Abenteuer

Aufstehen um viertel nach fünf. Dieser Summton! In den Schlafsälen dünstet der Jungmännerschweiss. Aufstehen, in die Pantoffeln fahren, hinausschlurfen im Pyjama in den Waschsaal, das Zahnbürstchen aus dem Schränklein nehmen, jeder hat sein eigenes mit einer Nummer, Wasserstrahl, faulig schlägt's den Halberwachten aus dem Waschtrog entgegen, der Präfekt geht auf und ab in den Gängen, Brevier lesend, ab und auf, das Zurückfluten der Zöglinge in den Schlafsaal beobachtend, hat Heilandsandalen an den Füssen, und jetzt in die Kleider, wo sind die Socken, oben im Kasten, nein, da ist die Schokolade vom letzten Liebesgabenpaket der Mutter, der lange Summton setzt aus, jetzt dreimal kurz, das bedeutet Pressieren, hinunter in den Studiensaal, dort wartet schon die Mutter Gottes spätgotisch und dominiert den Studiensaal und jetzt Händefalten. Jetzt wird aber *sofort* gebetet.
Ave Maria gratia plena. Vobiscum, cuicumque, omnia sua secum portans. Das lateinische Gebet, fliessend geht es über in das Studium des Lateinischen, immer sofort nach dem Gebet studieren, Gallia omnis divisa est in partes tres. Am Nachmittag wird bei Pater Vigil Lateinkompos sein, Cäsar droht schon und hat wieder einmal Gallien besetzt, Ora und dann labora, in wieviele Teile zerfällt Gallien, die Angst krampft schon die Mägen zusammen. Kalter Schweiss zum voraus, eine Stunde Studium. Und dann hinunter in die durchkältete, kältende Kirche, Marienkirche oder Hauptkirche, mit herausgestreckten Zünglein, falls in der Nacht nicht eine Befleckung oder Selbst-Schwächung, wie man das Onanieren nannte, eingetreten ist, die Hostie mit dem darin enthaltenen Herr-Gott empfangen, Zunge zurück, Herr-Gott essen, wenn Selbstschwächung, dann zuerst beichten, am besten bei Pater Pius, der macht einen vernünftigen Tarif, Nachlass der Sünden für nur 3 Ave Marias, hört auch nicht mehr gut, ite missa est, um 7 h ist die Messe aus. Vorbei an der Krypta, wo die vielen Votivbilder hängen

und schon wieder eine Muttergottes die Huldigung und Examensangst entgegen nimmt, Jungfraumuttergottesmeinlassmichganzdeineigensein, bist die einzige Frau hier weit und breit. Dein im Leben, Dein im Tod, Dein in Unglück Angst und Not, das nächste Unglück kommt sofort, um viertelnachsieben Morgenessen, dünner Kaffee, schlechte Konfitüre und Butter nur an Feiertagen; aber das Brot ist manchmal frisch und gut.
Sodann:

07.45 h – 08.45 h	Studium
08.45 h – 12.00 h	Schule
12.00 h – 12.30 h	Mittagessen
12.30 h – 13.30 h	Spaziergang
13.30 h – 14.00 h	Studium
14.00 h – 14.45 h	Schule
15.00 h – 15.30 h	Nachmittagsthee
15.30 h – 16.00 h	Studium
16.00 h – 17.00 h	Schule
17.00 h – 18.00 h	Studium
18.00 h – 18.30 h	Nachtessen
18.30 h – 19.30 h	Rekreation
19.30 h – 20.30 h	Studium
20.30 h – 20.35 h	Nachtgebet
20.35 h – 20.50 h	Müdebinichgehzurruh
20.54 h – 20.55 h	Lichterlöschen
21.00 h – 05.15 h	Schlaf

In den Schlafsälen gab es je 1 Schlafsaalmeister, welcher für Ruhe und Ordnung zu sorgen hatte. Es schliefen ca. fünfzig Eleven in einem Saal. An Sonn- und allg. Feiertagen wurde der Tagesablauf insofern modifiziert, als keine Schule stattfand, dafür mehr Kirche. Die Messe war dann länger: Hochamt. Nachmittags die Vesper, gregorianischer Choral. Im Monat Mai kam 19.30 h die Komplet dazu, das kirchliche Nachtgebet. Die war lateinisch wie die Vesper. Alte Strophen wurden gesungen, Beschwörungsformeln, Procul recedant somnia et noctium phantasmata. Hostemque nostrum comprime ne polluantur corpora. Weit mögen die Träume und die Trugbilder der Nacht von uns weichen; halt unsern Feind darnieder, damit die Körper nicht beflecket werden. Nach der Komplet ging es in Zweierreihen hinauf in den Schlafsaal, und dort konnte der Feind, welcher zwischen den Beinen der Zöglinge baumelte, mancherorts nicht darniedergehalten werden und ist immer grösser geworden. Der Feind, der Teufel, war ein Teil von ihnen. Pfui Körper, pfui Teufel.

Es gab keine räumliche Trennung von Schulzeit und Freizeit, Essen, Schlafen, Lernen, Beten, alles unter einem Dach. Die Aufsichtspersonen (Präfekten) waren auch Lehrer. Bei den Spaziergängen, welche in den unteren Klassen klumpenweise stattfanden, *eine* grosse Schar die alte Lukmanierstrasse oder den Oberalppass hinauf, damals noch Naturstrassen, wurden die Eleven von einem Lehrer-Priester begleitet. In den oberen Klassen durfte man zu dritt spazieren, zu zweit wäre ein Risiko gewesen für die Moral. In der Geschichte lernte man, dass Mussolini viel Gutes getan hatte, vor allem die Lateranverträge waren für die Kirche in Italien günstig gewesen. Stalin war weniger beliebt, Hitler absolut abzulehnen; er hatte die Kirche verfolgt, und selbst eine Religion aufrichten wollen.

Am Karfreitag war der Gottesdienst besonders lang. In den *allgemeinen Fürbitten* wurde auch für die Haeretiker gebetet, die Protestanten ins Gebet *eingeschlossen*, wie man sagte; Oremus et pro Haereticis. Auch die treulosen Juden wurden ins Gebet *eingeschlossen* –
Oremus et pro perfidis Judaeis.
Das war nicht antisemitisch gemeint, sollte nur die Rückkehr der Juden in den Schoss der alleinseligmachenden Mutter Kirche etwas beschleunigen. An Fronleichnam ging die Prozession über die Fluren, Monstranz unter dem Baldachin voraus, Kirchenfahne, Weihrauchdüfte kämpften mit dem Blütenstaub, und an Sankt Plazi, am Fest des Kirchenpatrons, welches immer das Signal war für die Ferien, in welche die Zöglinge aufatmend verrauschten, war das sogenannte Knochenrennen, etliche Gebeine des Hl. Plazidus wurden in der Natur herumgeführt, geschwenkt, die Zöglinge hintendrein. Hitler sei auch deshalb abzulehnen, weil er die Liturgie kopiert und der Kirche vieles abgeschaut habe für seine Massenaufmärsche, sagte der Geschichtslehrer, Prozessionsfahnen, Chöre, Andacht, und dergleichen mehr; und habe alles für einen schlechten Zweck verwendet.
An stillen Sonntagnachmittagen gab es manchmal Missionsvorträge, Pater Clemens aus Tanganjika, auf Tournee in Europa, erzählte vom Abenteuer in Afrika und zeigte Lichtbilder und äusserte sich dahingehend, dass die Eingeborenen für die Unabhängigkeit noch lange nicht reif seien. Man sah Löwen und tanzende speerschwingende Neger, selten Negerinnen, und Pater Clemens erläuterte das entbehrungsreiche, jedoch abwechslungsreiche Pionierleben im Busch, und manch einer von den Eleven wünschte sich nach Afrika, dorthin konnten sie die Sehnsucht verpflanzen, die Tagesordnung würde dort aller Erwartung gemäss nicht so strikte gehandhabt werden, und diese Art von Abenteuerlust war ganz legitim, ist stark von den kirchlichen Behörden gefördert worden. Nur durch Anspannung aller Kräfte, und indem man sich dem strengen Internatsleben jetzt klaglos füge, könne man jedoch ein guter Missionar werden. Per aspera ad astra, durch Schwierigkeiten zu den Sternen. Und habt ihr noch weitere Fragen?
In Afrika, dachten die Zuhörer, würden sie vielleicht auch ein

bekömmlicheres Essen finden als in der Klosterschule D., wo ein Saufrass, wie sie sagten, verabfolgt wurde. Die Kokosnüsse auf den Lichtbildern sahen verlockend aus.

※ ※ ※

Im Oktober trat der Angeschuldigte demgemäß die vorbereitende Ausbildung im Priesterseminar in St. Brieuc an. Im ersten Jahre sagte ihm die Art der Ausbildung zu. Insbesondere gefiel ihm der Geschichtsunterricht, bei dem auch über politische Verhältnisse gesprochen worden sein soll, ohne dass sich die Lehrer jedoch in einer bestimmten politischen Richtung festgelegt hätten. Eine ausgesprochen gegnerische Einstellung gegen den Nationalsozialismus oder den Faschismus will der Angeschuldigte auf dem Seminar nicht wahrgenommen haben. In den Vorträgen und Predigten sollen die Lehrer lediglich den Bolschewismus scharf bekämpft haben. Vom zweiten Ausbildungsjahr ab fand dann der Angeschuldigte an dem Leben im Seminar keinen Gefallen mehr, weil die strenge Führung, auf die im Seminar besonders gehalten wurde, ihn in seiner früher gewohnten freien Betätigung einschränkte. Er will deshalb im dritten Ausbildungsjahr eingesehen haben, dass er sich zum Priester oder Missionar nicht eigne. (Anklageschrift)

Die deutschen Akten sind an dieser Stelle wenig präzis, das Internat befand sich nicht in Saint-Brieuc, sondern unweit davon in Saint-Ilan, und es ist nicht ein Priesterseminar, sondern die vorbereitende Stufe, eine Schule für sogenannte Spätberufene gewesen; das sind junge Leute, die schon eine Berufsausbildung hatten und dann, sozusagen auf dem zweiten Bildungsweg, Missionar werden wollten und sich also einer akademischen Schnellbleiche im sogenannten petit séminaire unterzogen. Der Dolmetscher, welcher die Aussagen von Bavaud zu Händen der Gestapo übersetzte, mag diese katholischen Finessen nicht mitbekommen und deshalb ein bisschen vereinfacht haben.

Kommt man heute nach Saint-Ilan, von Yffigniac her, dem Meer entlang, so findet man kein petit séminaire mehr. Von weitem taucht ein neugotischer Kirchturm über den bretonischen Feldern auf, dann ein Schloss; der Schlossherr soll sehr fromm gewesen sein und seinerzeit den Vätern vom Heiligen Geist, wie sich die Kongregation nennt, den Boden gratis überlassen haben. Ringsherum Treibhäuser, Blumenbeete, Rabatten. Wo früher Missionare geformt wurden, ist heute eine Gärtnereischule, es werden nur noch Pflanzen kultiviert.

Die Kirche, die von weitem so melancholisch die Landschaft in den Himmel verlängert mit ihrem zarten Turm, ist am Zerbrökkeln, ein Ornament nach dem andern fällt der salzhaltigen Luft zum Opfer. Merkwürdige Unordnung im Kirchenschiff, geköpfte Statuen aus Gips und Holz, eine Madonna mit Kind,

der der Kopf sauber abgeschnitten wurde, ein Josef ohne Arme, die Köpfe der Statuen an verschiedenen Orten verstreut, als ob hier sehr spät die französische Revolution, welche gerne die Köpfe der Heiligen an den Portalen zertrümmerte, etwas nachgeholt hätte. Die Empore auch halb verwüstet, an den Wänden

farbige, stark verblichene Heiligenbilder mit erloschenen Augen, vielleicht hat jemand die mit Vorbedacht ausgekratzt. Der Wind kommt vom Meer und bewegt die Türen, und Turteltauben gurren in der Nähe.
Hier gingen sie jeden Tag zur Messe. Die Beichtstühle, in denen Maurice seine Sünden bekannte, damals gab es noch die Ohrenbeichte, sind Brennholz geworden. Ich bekenne, dass ich gesündigt habe in Gedanken, Worten und Werken. Viel wird es nicht gewesen sein, die grossen Sünden kamen gar nicht auf in dieser Hausordnung. Die Ohrenbeichte bestand darin, dass das Beichtkind sich hinkniete und dem Beichtvater, den man nicht sehen, nur hören konnte, die Sünden durch ein Holzgitter hindurch anvertraute, wonach dieser die Sünden *nachliess* oder, wie man auch sagte, die Absolution gab.
Man fühlte sich frei nachher.
Es war wie eine Waschung.
Es war ein System, das sich über die ganze Welt erstreckte, an der Elfenbeinküste dasselbe Latein wie hier in der Bretagne, oder Polen, dieselben Formeln, Beichtstühle, neugotischen Kirchen, Messgewänder, Hymnen, Marienlieder, Monstranzen; und die Sicherheit, dass man den Eingeborenen in Afrika etwas zu bieten hatte. Die Möglichkeit, etwas *Anständiges* zu werden in dieser Missionsschule, und zugleich auszubrechen und aufzusteigen aus kleinen Verhältnissen. Aufbrechen, Reisen, weg. Die andere Möglichkeit war die Fremdenlegion. Für die Bedürftigen war die Schule kostenlos, sie konnte deshalb auch keinen Komfort bieten, darum das schlechte Essen.
Im Internats-Trakt hat sich auch Einiges geändert. Die Schlafsäle sind unterteilt worden in einzelne Boxen für die Gärtnereischüler, früher war alles durchgehend, Bett an Bett. Man sieht noch den Verschlag, wo die Aufsichtsperson die Nacht an strategischer Stelle verbrachte, ein Schiebefenster ermöglichte es dem Präfekten, die Situation auf einen Blick zu erfassen.
Den langen Bettreihen im Schlafsaal entsprachen die langen Tischreihen im Ess-Saal, dort hing an der Wand zwischen den Fenstern ein grosses Kruzifix. Pater Viatte, der einzige in Saint-Ilan übriggebliebene Priester, erinnert sich, es sei ein sehr schönes Kreuz gewesen. Das petit séminaire ist 1975 geschlossen worden, kein Nachwuchs mehr, die Entkolonialisierung hat

Folgen gehabt, die älteren Priester haben sich in das Priester-
Altersheim in Piré-sur-Seiche zurückgezogen, die andern sind
irgendwo noch in einer Pfarrei beschäftigt.

* * *

Die ehemaligen Mitschüler von Bavaud sind heute in der ganzen Welt verstreut. Nur wenige haben ihren afrikanischen Traum realisieren können, die meisten leben in Frankreich, einer in New York, andere auf Gouadeloupe, Martinique, im Elsass und in der Schweiz. Der Zweite Weltkrieg ist dazwischen gekommen und hat ihre private Laufbahn unterbrochen, und die Kolonien waren nach dem Krieg nicht mehr im selben Zustand wie früher, der Glaube an die Unfehlbarkeit der Weissen Kultur erschüttert. 1703, als die Missionsgesellschaft gegründet wurde, war sie noch dem Marine-Ministerium unterstellt; wo die Soldaten des Königs an Land gingen, folgten sofort die Missionare. Im 19. Jahrhundert wurde die Kongregation von Jacob Libermann, einem Juden, der zum Katholizismus konvertiert hatte, auf neue Grundlagen gestellt. Sein Mitarbeiter, der Abbé Tisserant, hatte «oft von den Lastern der Eingeborenen von Haiti reden gehört, von der Unwissenheit und den Zauberer-Priestern die dort in grosser Anzahl vorkommen und die Seelen ins Verderben führen», und ein reicher Gönner der Kongregation, der Politiker Pinault in Rennes, schlug 1860 vor, «eine Priestergemeinschaft zu gründen, welche den Schwarzen die Hilfe und die Tröstungen unserer heiligen Religion bringt». Der grosse Aufschwung kam, als Afrika unter die europäischen Mächte aufgeteilt wurde, die Kongregation besetzte zahlreiche Eingeborenen-Seelen in den französischen Kolonien Schwarz-Afrikas, so wie der Staat das Territorium besetzt hatte. Man nannte das «L'Œuvre des Noirs», das Schwarzen-Hilfswerk, und es ist leicht, heute darüber zu lächeln, aber vielleicht war nicht nur Machtwille und kultureller Unterdrückungstrieb dahinter, den geistigen und materiellen Komfort Europas musste man vergessen, konnte nicht, wie manche Ethnologen, nach etwas *field research* wieder in die Heimat zurückkehren. Auch

war die Zusammenarbeit mit den Kolonialbehörden nicht immer reibungslos, oft haben die Väter vom Heiligen Geist für die Rechte der Eingeborenen gekämpft.
Eine weit verbreitete und in katholischen Familien vielgelesene Literatur propagierte den Missionsgedanken bis ins hinterste Dorf. Die Bücher hiessen etwa «Aus fernen Landen» oder «Tagebuch eines Heidenmissionars». Sie wurden mit glühenden Köpfen gelesen. Einen Priester in der Familie zu haben, das war bereits sehr rühmlich. Einen Missionar hervorzubringen, bedeutete doppelte Ehre. Und gar einen Märtyrer –. Die Idee des Martyrium war eng mit dem Missionsgedanken verknüpft, durfte als letzte Möglichkeit im Auge behalten werden. Ein Missionar musste mit allem rechnen, die eigene Person dem grossen Zweck unterordnen, nicht nach Wenn und Aber fragen, den Tod in Kauf nehmen; man weiss nie bei diesen Wilden. Dabei hatte man sogar noch Verständnis für die Eingeborenen, wenn ihnen so ein Mord unterlief; sie wussten es nicht besser, aufgehetzt wie sie waren von ihren fanatischen Zauberer-Priestern. Noch 1961 hat die Kongregation der Väter vom Heiligen Geist ein paar ihrer Missionare im Kongo anlässlich der Unabhängigkeits-Wirren verloren: Spätlese. Das Buch, welches die Ermordung schildert, trägt den Titel «Les Martyrs du Congo», die Märtyrer vom Kongo.
Ein Missionar, das bedeutete nicht nur religiöse Befriedigung, sondern auch soziale Anerkennung innerhalb der katholischen Welt. Man schaute hinauf zu solchen Familien, sie gehörten zur Katholikenaristokratie. Für arme Eltern, die keine akademische Ausbildung zahlen konnten, war es oft die einzige Möglichkeit, einen Aufstieg ihrer Söhne zu erleben. Von dem Glanz strahlte dann etwas auf sie selbst zurück. Um die bescheidenen Ausbildungskosten aufbringen zu können, gingen die bescheidenen Missionars-Kandidaten in den Ferien bescheiden von Haus zu Haus, in der Schweiz nannte man es *Kollektieren*; hier ein Fünfliber, dort ein Zweifränkler, das Geld und der Stolz einer ganzen Gemeinde kristallisierte sich so im Missionar, und der junge Mann tat denn auch gut daran, den Erwartungen zu entsprechen, ein einfaches Leben zu führen während des Studiums und nicht mit dem Geld zu schletzen, und anschliessend wollte man Nachrichten haben aus Afrika und Bilder sehen und viel-

leicht nochmals ein Scherflein spenden, gemeinsam, für den Ankauf eines Glöckleins eines Kirchleins im Busch, das die frischgetauften Heiden zum Gottesdienst ruft. Oder man wollte auch etwa *ein Heidenkindlein kaufen,* wie man das nannte. Für die Übersendung von Fr. 50.– bekam man die Bestätigung, dass ein Negerli getauft worden war.

* * *

Viele von Bavauds Studiengenossen haben es nicht durchgehalten, Blény nicht, der heute in Colmar lebt und antiklerial geworden ist, Clivaz nicht, der in Sierre arbeitet (Alusuisse); Bernet hat seinen Mercerieladen in Estavayer-le-Lac und will nichts mehr von der Missions-Schule hören, die ihm den Magen verdorben hat, und der sanfte Page in Fribourg ist auch verheiratet und schlug sich lange mit Gelegenheitsarbeiten durch, musste, anstatt die Frohbotschaft zu verkünden, in einer Genfer Fabrik Kolben für Maschinenpistolen herstellen, 20 pro Tag, wie er mit Ingrimm sagt. Auch Bavaud gedieh nicht bis zum Ende des Lehrgangs. Im Sommer 1938 ist er, nach einem schweren Krach mit dem préfet Piacentini, dem Vorgesetzten von Saint-Ilan, in die Schweiz zurückgekehrt. Piacentini sei sehr streng und unnachsichtig gewesen.
An die Auseinandersetzungen erinnert sich Abbé le Beau, der Studiengenosse von Bavaud, noch ganz genau. Bavaud sei sozusagen bei Nacht und Nebel aufgebrochen. Le Beau ist heute Pfarrer in Paimpont, wo sich ein sehr wertvoller Kirchenschatz befindet. Besonders beeindruckend der in Gold und Edelsteinen gefasste Arm eines Märtyrers; ein Bijou. Wäre Bavaud mit der Disziplin besser zu Rande gekommen, so hätte er auch eine Bestallung als Dorfpfarrer gefunden, im Wallis oder in der Bretagne. In Saint-Ilan war folgende Tagesordnung in Kraft gewesen:

5.00 h	Tagwache
5.15 h	Morgengebet
5.20 h – 6.00 h	Studium
6.00 h – 7.00 h	Messe

Etc., bis zum Lichterlöschen um 21.00 h. Nur geringfügig unterschieden sich die Tagesordnungen der Klosterschule D. und der Missionsschule Saint-Ilan, bis zum reglementierten Spaziergang und den lateinischen Gebeten glich sich alles. Ohne dass irgend ein Zentralkomitee in Rom das ausdrücklich angeordnet hätte, kamen spontan dieselben Gewohnheiten zum Funktionieren. Auch in Saint-Ilan durften die älteren Studenten nur zu dritt auf den Spaziergang. Man war überall in Gemeinschaft, beim Gebet, Studium, Schlafen, in der Schule, Freizeit, beim Essen. Alle vierzehn Tage gab es Disziplin-Noten; die wurden öffentlich vorgelesen im grossen Studiensaal. Besonders spezifiziert wurden dabei: a) Fleiss b) Sauberkeit c) Tenue. Am Sonntagabend sind immer die Aufsatznoten der vergangenen Woche bekanntgegeben worden, und jeder Schüler erhielt seine Nummer in der Erfolgshierarchie. Einmal im Monat besuchte man die «Bains Publiques» in Saint-Brieuc, im Internat waren keine Dusch- oder Bade-Vorrichtungen; sonst kam man kaum in die Stadt. Ferien gab es an Weihnachten und Ostern. Die älteren Zöglinge waren, wie in allen Internaten, etwas freier gehalten als die jungen. Einmal im Monat wurden auch Filme gezeigt, «Michel Strogoff» zum Beispiel, eine Abenteuergeschichte,

oder Dokumentarfilme über Afrika. Grossen Eindruck hat
«L'appel du silence» gemacht, ein Werk von Léon Poirier; das
beflügelte die Phantasie in der gewünschten Richtung. Es handelt sich dabei um die Biographie von Charles de Foucauld, einem französischen Offizier, der in seiner Jugend alle erdenkbaren Ausschweifungen genossen hatte und vor allem der Unkeuschheit im Sündenbabel Paris erlegen war; im fernen Paris, von dem die meisten Zöglinge keine Ahnung hatten. Die Laster wurden im Film immerhin so zurückhaltend dargestellt, dass man ihren Anblick auch den Insassen von Saint-Ilan zumuten konnte. Charles de Foucauld war dann nach einem Bekehrungserlebnis Priester geworden, nach Nordafrika ausgewandert und in die Wüste gezogen, wo ihn die Nomaden wie einen Heiligen verehrten, und einige durch ihn zum Christentum bekehrt wurden, aber ohne Zwang. Auf seiner weissen Kutte trug er ein aufgenähtes rotes Herz, Herzjesu als Symbol der Aufopferung, sacré cœur. Das Gesicht von Charles de Foucauld mit den tiefliegenden brennenden Augen... (Der mystische Eremit in der Wüste. Der isolierte Missionar unter den Heiden, der Einzelgänger. Allein in einer fremden Welt, Sendungsbewusstsein und Einsamkeit.) Charles de Foucauld war ein Modell, der Missionar par excellence. Räuberische Nomaden haben ihn zum Schluss umgebracht, er wird als Märtyrer verehrt.

5 ÉCOLE St-ILAN, LANGUEUX (Côtes-du-Nord). — Réfectoire

Bavaud in diesem Zusammenhang:
Ein junger Mann mit dem Plan, alles auf eine Karte zu setzen. Aufbruch aus dem kleinbürgerlichen Neuchâtel, Afrika und ein neues Leben vor Augen, Lebens-Intensität. Den alten Menschen abstreifen, sich verwandeln, verändern, hoch hinaus, und dann die Enttäuschung im Internat, wo die Ordnung noch viel strenger war als zu Hause; dieses Nadelöhr zwischen Wunsch und Wirklichkeit, täglich eingeklemmt im Schraubstock der Hausordnung, Leben im Kollektiv statt individueller Aufschwung, Pünktlichkeit statt Heroismus.
Wir können ihm die Enttäuschung nachfühlen.
Die Wünsche auf später verschieben? Zwischen Afrika und ihm lagen 3 Jahre petit séminaire, und dann nochmals 6 Jahre Priesterseminar. Graue Zukunft. Die Reglemente würden ihn längst erstickt haben.
Die Wünsche vergessen? Zurück in das kleine Neuchâtel?

* * *

In Saint-Ilan zirkulierten damals erste Nachrichten über die Katholiken-Verfolgung in Deutschland. Die Kongregation besass dort eine Niederlassung, man fühlte sich betroffen. Und obwohl die Bretagne weit entfernt war vom Strudel der Ereignisse und die französischen Provinz-Zeitungen, die im Internat auflagen, kaum einen Hinweis gaben, blieb man doch nicht unbeteiligt. Die Katholische Internationale, eine mündliche Überlieferung, besorgte die Weiterverbreitung der Nachrichten. Man wusste, dass die religiösen Orden verfolgt wurden, und ausserdem hatte der Papst eine Enzyklika erlassen, einen päpstlichen Rundbrief – «Mit brennender Sorge» – die von den Kanzeln verlesen wurde; eine recht scharfe Abrechnung mit den antichristlichen Umtrieben in Deutschland. Sie war auch in Saint-Ilan bekannt. Die meisten Mitschüler von Bavaud sagen allerdings, dass von einer besonders antihitlerischen Stimmung im Internat nichts zu spüren gewesen sei. Aber Bavaud war ein Einzelgänger, schon damals, Informationen, an denen viele achtlos vorübergingen, konnten ihn bewegen. Er war in einer

andern Lage als die Studiengenossen. Und wenn man auf der Suche war nach einer befreienden Tat und durchdrungen blieb vom Geist der Selbstaufopferung, der im Internat herrschte; wenn man aber zugleich keine Missionars-Zukunft mehr hatte – die unterdrückte Energie musste ein Ziel finden. Er war geladen, der Schuss musste heraus.
Später gab er zu Protokoll, er habe mit dieser Tat der Christenheit und der ganzen Menschheit einen Dienst erweisen wollen.

Das Schloss

Ô saisons, ô châteaux,
quelle âme est sans défauts?

O saison, ô châteaux,

J'ai fait la magique étude
du bonheur, que nul n'élude.

O vive lui, chaque fois
Que chante le coq gaulois.

Mais je n'aurai plus d'envie
Il s'est chargé de ma vie.

Ce charme! Il prit âme et corps,
Et dispersa tous efforts.

Que comprendre à ma parole?
Il fait qu'elle fuit et vole!

O saisons, ô châteaux!

Rimbaud

Als der Schlossherr 1942 starb, bestand die Zeitung «Ouest-Eclair» (vormals «Ouest-France») nur aus zwei Blättern, unter der deutschen Besetzung war das Papier rationiert, und das Wort «France» durfte im Zeitungskopf nicht vorkommen. Der Nachruf auf Etienne Pinault war dementsprechend kurz. Immerhin wurde festgehalten, er habe sich durch eine grosse Gerechtigkeitsliebe und veritable Leidenschaft für die Armenfürsorge hervorgetan, und die Hingabe ans Allgemeinwohl sei ihm vom Vater vererbt worden, dem bekannten Politiker und Förderer der Kongregation vom Heiligen Geist, und um das Los der Armen habe er sich mehr gekümmert als um den eigenen Vorteil.
Als seine Frau, die Schlossherrin, 1964 starb, war der Nachruf ausführlicher. Dem Sarg gaben zahlreiche Notabeln das Geleit, verschiedene Banken, Crédit Immobilier, Sparkasse von Fougères, Société Générale, die landwirtschaftliche Rückversicherungsanstalt des Départements Ille-et-Vilaine. Die Kriegsveteranen und der Verein der ehemaligen Kriegsgefangenen hatten ihre Fahnen mitgebracht. «Oft hat sie ihren schönen Schloss-

park den Wohltätigkeitsvereinen für ein Wohltätigkeitsfest zur Verfügung gestellt, und man weiss, wie sehr sie sich seinerzeit für die internationale Chrysanthemenausstellung einsetzte», notiert der Nachruf. Ihr unentwegter Einsatz für einen schöneren Blumenschmuck, sie war Präsidentin der Gartenbaugesellschaft, für kultivierte Gärten und gepflegte Rabatten ringsherum im Departement, sei unvergessen, ebenfalls ihre Bemühungen um die Einführung der Elektrizität im Dorf Pacé, dem sie als Bürgermeisterin vorgestanden war.
Das Schloss heisst La Touche-Milon und liegt etwa 3 km westlich von Rennes in einem verwunschenen Park. Die Allee grasüberwachsen, von der Natur langsam zurückerobert. Still ist es, die meisten Fensterläden geschlossen, Efeu, Patina und Taubendreck. Hinter dem Schloss ein Gutshof, ca. 16. Jahrhundert. Komm in den totgesagten Park und schau.

Hier brauchte man Dienstboten, um richtig leben zu können, sagt der Gardien Lebout. Er ist allein übriggeblieben und führt seinen Kampf gegen die überhandnehmende Natur. Das Schloss gehöre jetzt dem Enkel der Pinaults, der wohne in Paris und würde ihm den Kopf abbeissen, wenn er wüsste, dass er uns hineinlässt. Aber erstens braucht er das nicht zu wissen und zweitens könne er, der Gardien, auch einmal Gäste empfangen.

Die Pinaults hatten eine Tochter, welche jung an Lungenentzündung starb. Kurz darauf beging deren Mann, Monsieur Crouzet, Selbstmord. Der junge Crouzet, Mediziner und Erfinder, kommt nur noch selten in die Bretagne. Er braucht Geld, das Schloss ist kahl geworden. Hier war ein Bild, sagt der Gardien und zeigt den Umriss auf der Tapete, dort war ein bretonischer Bauernschrank; von all den Kostbarkeiten nur noch helle Flecken und Konturen.
Hans filmt die Leere.
Die Bücher, etwa 5000, hat der Antiquar auch abgeschleppt, zusammen mit den Möbeln. Tote Fliegen bedecken in der Bibliothek den Boden, auch Steuererklärungen von Etienne Pinault aus dem Jahr 1935, Briefpapier mit dem Aufdruck CHAMBRE DES DÉPUTÉS; Pinault war Abgeordneter. Ein Stapel Kriegsgefangenenpost aus dem Zweiten Weltkrieg; die Gefangenennummer 85.755, Lagerbezeichnung Stalag II C/V20 8, hat geschrieben:

> Cher Monsieur, ich habe die Ehre Ihnen mitzuteilen, dass ich Ihnen sehr verbunden bin für das Päcklein, welches Sie die Güte hatten mir zu schicken, das nächste Päcklein, welches Sie schicken, wäre ich froh, wenn es Seife und Schokolade enthält. Cher Monsieur je vous remercie beaucoup, Heudes André.

Die Briefe stammen von Leuten aus dem Dorf, und sie schreiben ihrem Grundherren. Pinault war Grossgrundbesitzer, ein schöner Teil des Dorfes gehörte seit altersher dem Schloss, und Madame hat nochmals dreissig Bauernhöfe in die Ehe eingebracht. Die Pächter lieferten pro Hektar 3 Sack Korn ans Schloss, ein Hektar trug durchschnittlich 15 Sack ein. Mehr als der Zehnten wurde abgeliefert. Das war so bis in die sechziger Jahre dieses Jahrhunderts.
Auf dem Boden der Bibliothek liegt auch ein Programm der Folies Bergères aus dem Jahre 1929, daneben ein zerschlissenes Buch mit dem Titel CHAIR À PLAISIR, Lustfleisch. Die halbe Zeit wohnte der Abgeordnete in Paris, wo er die Interessen der Landbevölkerung wahrnahm. Er war derart verwurzelt in der politischen Landschaft, dass die Leute im Dorf sagten: Monsieur Pinault ne fait pas de politique! Alle fanden es natürlich,

dass der Schlossherr auch Abgeordneter war, das gehörte zum Schloss wie die Allee.
Alles ganz normal.
Madame war mehr der Literatur zugeneigt. Sie korrespondierte mit einer Enkelin von George Sand, weil ihre Grossmutter schon mit George Sand persönlich korrespondiert hatte. Einige Briefe lagen noch in der Bibliothek herum, der Antiquar hat sie nicht verwerten können.
Vor vier Tagen ist er hier gewesen mit einem Lastwagen, es bleibt nicht viel Mobiliar zu filmen.
Damals eine der reichsten Familien der Bretagne, die Pinaults. Aber ängstlich! Madame Collet, früher Köchin im Schloss und verheiratet mit dem *valet de chambre*, erzählte, die Schlossherrin habe immer, wenn sie nach Paris reiste, ihren ganzen Schmuck mitgenommen und dazu sie, Madame Collet, und ihren Mann. Die Pinaults reisten jeweils in der Ersten Klasse und die beiden Domestiken in der zweiten, und mussten den Schmuck unter *ihren* Kleidern verstecken, weil Madame Pinault überzeugt war, dass die Banditen in der Zweiten Klasse keinen Schmuck vermuteten.
Zum Gesinde gehörte auch Camille, der Chauffeur, und Miss Agnès, die englische Gouvernante, und die Witwe Gerbohay, femme de chambre. Ihr Mann war Kutscher gewesen und habe dem Alkohol zugesprochen, d. h. immer Durst gehabt, ein richtiger *soiffeur*, und sei im Rausch von einem Pferd totgetreten worden. Die Pächtersfamilie Gabillard, welche den Gutshof bewirtschaftete, habe *auch* im Schloss ausgeholfen, und so seien die Pinaults gut umsorgt gewesen. Den Sohn der Witwe Gerbohay, Marcel, hätten die Herrschaften, um die Tafelrunde vollzählig zu machen, oft zu Tisch gebeten, wenn noch ein Stuhl frei gewesen sei, und das habe ihm vielleicht ein wenig den Kopf verdreht, weil er sich auf diese Weise mit den vornehmen Leuten, die bei Pinaults verkehrten, auf einer Stufe glaubte, und seine einfache Herkunft vergessen wollte. Madame Pinault habe ihn richtig ins Herz geschlossen und ihm die Ausbildung in Saint-Ilan bezahlt, während Monsieur dafür besorgt war, dass Marcel den Führerschein erwerben konnte; damals ein Privileg. Wegen seiner schwachen Konstitution habe er zuerst die Gärtnerschule in Rennes besucht, vor seinem Eintritt in

Saint-Ilan. Auffällig oft habe sich der junge Marcel in der Bibliothek vergraben, von den Büchern habe er nicht genug bekommen können.

* * *

Beim Antiquar in der Altstadt von Rennes, der die Bibliothek eingekauft hat, ist alles noch beisammen, die Boutique platzt aus den Nähten. Überall Bücher, Hochformat, Folio, Lederrücken, Erstausgaben, Traktate, Broschüren, Pergament, Papier, Lexika, Enzyklopädien, Reiseliteratur, Geschichte, Romane, Schund, Raritäten, Kolonialliteratur, Schmöker, Philosophie –

> Marx (Gesamtausgabe, unaufgeschnitten)
> Michelet (Histoire de la Revolution française)
> Voltaire (Candide)
> Rousseau (Emile, Erstausgabe)
> Sand (vollständig)
> Rimbaud (zerlesen)

L'affaire Stavisky
Balzac
Flaubert
Ovid (Liebeskunst)
Dumas fils (Les femmes qui tuent et les femmes qui volent)
Robinson Suisse (Luxusausgabe)
Son Altesse Royale, L'Enfante Eulalie
Guizot (La Démocratie en France)
Carillo (Le mystère de la vie et de la mort de Mata Hari)
Les Mémoires de la Reine Hortense, publiées par le prince Napoléon
Romain Rolland (Jean Christophe)
Rocambole (Les Aventures de Police, La vie et le monde de Boulevard, Portraits comiques)
Maurras (Kiel et Tanger)
Vogt-Riconard (La Vierge)
Michel de Bourges (La conciliation entre le capital et le travail, playdoyers et discours)
Madame de Sévigné (Lettres)
etc. etc.

Das älteste Buch ist aus dem 17. Jahrhundert, eine Gebetsanleitung, Lederrücken. Viele schöne Bilderbücher aus dem frühen 19. Jahrhundert, kostbare Karikatursammlungen, Schnittmuster aus dem Jahr 1830, Postkarten von Biarritz, wo die Herrschaften Ferien zu machen pflegten, vergilbte Modejournale, fin de siècle, mit prachtvollen faux culs. Der Antiquar hat die Bücher, pietätvoll, zum Teil in den alten Schränken gestapelt, die er *auch* aus dem Schloss abgeführt hat. Für die ca. fünftausend Bände hat er Frs. 10000 bezahlt, und jetzt will er sie uns einzeln für bereits 50 Francs und mehr verkaufen. Wir fragen uns, ob einzelne Bücher aus der Bibliothek des Député Pinault nicht bei uns besser aufgehoben wären als beim Antiquar, und ob man den Eigentumsbegriff unter solchen Umständen nicht neu überdenken muss; die Angehörigen in der Schweiz hätten gern auch einen Rousseau (Emile, Erstausgabe). Besonders schön ein Atlas von 1830, aber das Hochformat eignet sich nicht zum Stehlen. Insgesamt eine Bibliothek, wie sie Sartre bei seinem Grossvater angetroffen hat – les mots. Mit den Wörtern reisen. Kein Wunder, dass der Sohn des Kutschers und der Kammerzofe sich tagelang vergraben hat im zweiten Stock des Schlosses von La Touche-Milon. Die Welt der Bücher war schöner als die Dienstbotenwelt.

So verhielt sich das mit der Bibliothek des Député Pinault. Es ist, als ob ein Körper auseinandergerissen würde. Erst jetzt ist der Schlossherr richtig tot, und zusammen mit seiner Bücherei gestorben.

* * *

Der Député sei ein Heimlifeiss gewesen, sagt die Schwester von Marcel Gerbohay, und in Wirklichkeit nicht so fromm wie das Volk glaubte. Ihre Mutter, welche sich übrigens bei den Herrschaften zu Tode gerackert habe, sei einmal ganz bleich aus dem 2. Stock des Schlosses, wo sie die WC säubern wollte, in das kleine Haus neben dem Gutshof, welches sie mit ihren beiden Kindern bewohnte, zurückgekommen, und habe sich gar nicht fassen können. Im WC habe sich nämlich Monsieur Pinault zusammen mit dem Chauffeur Camille, an welchem er sich zu schaffen machte, aufgehalten. Das hätte die Mutter dem Herrn nicht zugetraut! Später sei ein 16jähriger Bursche, der als zusätzlicher Chauffeur angestellt war, nach kurzer Zeit entlassen worden, dieser habe anscheinend nicht mitmachen wollen. Madame sei *auch nicht* die Frömmste gewesen, mit ihren Liebhabern. Und geizig dazu; 80 Francs habe die Mutter gekriegt, man nannte das nicht Sälar, sondern Gage. Weil die Mutter aber keine Wahl hatte, sie musste die kleinen Kinder nach dem Tod des Vaters allein durchbringen, habe sie die Zähne zusammengebissen und sich alles gefallen lassen von der hochfahrenden Herrschaft.

La petite Angèle, wie man die Schwester von Marcel im Schloss nannte, lebt heute an der Elfenbeinküste, den Sommer verbringt sie im Ferienhaus von La Baule. Sie hat den Sohn des berühmten Mathematikers Julia geheiratet, die gute Partie hat damals Aufsehen erregt im Dorf. Afrika sei ganz schön, sagt sie;

wenn nur die Neger nicht wären! Nachts muss sie ihre Villa in Abidjan gar von bewaffneten Negern bewachen lassen, das Villenviertel sei durch die räuberischen Neger besonders gefährdet. Sie hat fast so viele Dienstboten wie seinerzeit Madame Pinault.

Ihr Bruder Marcel habe im Alter von 13 Jahren zum ersten Mal ein seltsames Verhalten gezeigt, als er im Fieber delirierte und sich aus dem Fenster stürzen wollte, woran sie ihn gerade noch hindern konnte, obwohl er Riesenkräfte entwickelte; dabei habe er wirres Zeug geredet. Mutter und Schwester glaubten, der dreijährige Aufenthalt in der Gärtnerschule von Rennes würde ihm gut tun, und eine Wiederholung des Deliriums kam denn auch in dieser Zeit nicht vor. Nach dem Lehrabschluss sei er in Saint-Ilan eingetreten und habe dort einen Wissens-Vorsprung gehabt; die andern Schüler hatten in keiner Bibliothek schmökern und mit keinen Schilderungen vom Schloss-Leben und glänzenden soirées aufwarten können. Ob er eine wirkliche Berufung zum Priestertum gespürt habe, sei nicht mit Sicherheit festzustellen. Eine Advokaten- oder Arztausbildung hätte ihm das Schloss nicht bezahlt, das galt als unstandesgemäss. Priester aber konnten auch die Armen werden.

* * *

Madame Julia, geborene Gerbohay, hat die alten Diktathefte ihres Bruders aus der Zeit von Saint-Ilan aufbewahrt. Viel Corneille und Racine, auch Montesquieu, Nacherzählung der «Lettres Persanes», Szenen aus dem Leben von Rousseau – «Rousseau dîne chez un paysan français». Die Diktate beginnen mit der Anrufung

J.M.J. Aidez-moi,

Jesus Marie Joseph helft mir. Fehler sind keine festzustellen. Patriotische Texte kommen auch vor, zum Beispiel «Héroisme de tous les Français» von Raymond Poincaré, und die moderne Poesie ist durch Paul Claudel vertreten (fünf Oden aus dem Jahre 1911). Eine Passage von Fustel de Coulanges sieht aus, als

ob sie auf die Verhältnisse von La Touche-Milon zugeschnitten wäre. Unter dem Titel «Démocratie» heisst es: «Die Demokratie schafft die Armut nicht ab, sie macht sie im Gegenteil erst recht fühlbar. Die politische Gleichberechtigung lässt die Ungleichheit der Lebensbedingungen um so deutlicher hervortreten.» Auch Gebete sind im Diktatheft enthalten und ein Gedicht über Marie-Antoinette und die Guillotine. Und die Strophen von du Bellay über den Dulder Ulysses nehmen die Odyssee von Marcel vorweg, der später nach Deutschland verschlagen wurde und sich nach Pacé zurückgesehnt hat –

> Wann werde ich, ach, den Rauch über den Hütten,
> meines kleinen Dorfes wieder sehn
> Und in welcher Jahreszeit die Umfriedung meines
> Häuschens
> Das mir mehr bedeutet als eine ganze Provinz.

* * *

Jeder Pater hat sein Glockenzeichen. Viermal lang, dreimal kurz heisst, dass Pater Rappo an der Pforte verlangt wird. Ihn hat es nach Le Bouveret bei Saint-Gingolph am Genfersee verschlagen, wo er als Lehrer in einer Filiale der Kongregation lebt; die Missionen hat er nie gesehen. Das macht aber nichts, sagt er, es war der Wille des Herrn.
Sein Zimmer ist bescheiden und vollgestellt mit Statuen.
– Kann ich Euch ein wenig Lourdes-Wasser anbieten?
Ein kleiner Plasticbecher für Villi und mich, ein grosser für ihn, und Calvados für alle. Dieser Gerbohay ... Die Erinnerung steigt ihm auf.
Marcel, der brillante Marcel. Immer besser gekleidet als die andern, besser gefüttert auch, hat sich Butter geleistet, den man extra zahlen musste. Sie wissen schon, die gute gesalzene bretonische Butter! Bekam auch Päcklein aus dem Schloss, ganze Poulets, Schokolade, Biscuits. Und hat überhaupt etwas Feines an sich gehabt; il avait les manières du grand monde. In der Schule sehr gut, aber ein wenig überspannt. Unglaublich schöne grosse Augen, die vergisst man nicht.
Im Schlafsaal von Saint-Ilan seien eigenartige Dinge passiert. Gerbohay habe nachts laut geträumt, in einer fremden Sprache, vermischt mit französischen Brocken. Seinen Bettnachbarn beiderseits, Bavaud und ihm, Rappo, sei das eigenartig vorgekommen, den andern Eleven im Schlafsaal auch. Am nächsten Morgen hätten sie dann jeweils den Marcel geneckt, welcher aber, den Ahnungslosen spielend, völlig verblüfft gewesen sei über die eigenen Träume, die ihm während der morgendlichen Rekreation rapportiert wurden; und habe er seine Mitschüler gebeten, sich alles genau zu merken. Das geschah denn auch, und weil er, Rappo, damals gerade die Stenographie (Freifach) erlernte, habe er übungshalber die Träume seines Bettnachbarn mitstenographiert, beim Lichte einer Taschenlampe, wodurch er eine Geläufigkeit im Stenographieren erlangte, welche ihn zu den höchsten Leistungen auf diesem Gebiet befähigt haben soll. Die stenographischen Notizen hat Rappo nicht aufbewahrt, aber der Inhalt der Träume des Bettnachbarn ist eingraviert geblieben in seinem Gedächtnis. Voilà. Gerbohay habe sich als Neffe des Zaren ausgegeben, als Herrscher im Exil, der eine baldige Thronbesteigung vorbereitete, zu welchem Zweck ein

Geheimfonds geäufnet worden sei, der sich in Basel befinde; welchen Fonds Bavaud, da er Schweizer sei, zu treuen Handen übernehmen solle. Auch von der Stadt Prag sei oft die Rede gewesen und von weissrussischen Freunden in Paris, die bei der Machtergreifung behilflich sein sollten, und von Rasputin. Die Intensität der Träume habe jedesmal dann zugenommen, wenn die Deutschen wieder einen Erfolg verzeichneten, beispielsweise beim Einmarsch ins Sudetenland; dann sei der liebe Marcel nicht mehr zu halten gewesen.
Voilà. Niemand habe diese Phantastereien ernst genommen, auch Bavaud nicht, der Freund von Gerbohay. Man habe allgemein gelacht über die Zarengeschichte, eine willkommene Auflockerung der monotonen Schlafsaalatmosphäre. Gerbohay habe sich nichtsdestotrotz einer gleichmässigen Beliebtheit erfreut, welche vielleicht auch darauf zurückzuführen gewesen sei, dass er mit seinem reichlichen Taschengeld und den Fresspäcklein nicht geknausert habe. Immer freigebig, der liebe Marcel! Einige von den Kameraden, die sich abends mit Gerbohay nicht selten zu mysteriösen Kolloquien an den Strand begeben hätten, seien sogar in den Genuss von Champagner gekommen. Eine geheimnisvolle, geheimniskrämerische Gruppe. Die Gestapo habe zwei von ihnen verhört, später, nach der Besetzung Frankreichs durch die Deutschen, nachdem Gerbohay verhaftet worden sei.
Rappo hat davon erfahren, weil er nach Kriegsausbruch nicht in die Schweiz zurückgekehrt ist. Er wollte keinen Militärdienst leisten. Der Aufenthalt in Frankreich sei ihm weniger gefährlich vorgekommen als der Aufenthalt in der Schweizer Armee. Und ob er uns noch ein wenig Lourdes-Wasser anbieten dürfe?

* * *

Bavaud in diesem Zusammenhang –

> ... Der Angeschuldigte hat erklärt, er wisse nicht, ob er sich im Traum als Mitglied der russischen Zarenfamilie bezeichnet habe. Indessen habe er den Erzählungen seiner

> Freunde über den Inhalt seiner im Traum getanen Äusserungen nicht widersprochen und Bavaud und seine Kameraden in dem Glauben gelassen, dass er ein russischer Grossfürst sei. Denn dadurch habe er Einfluss und Macht über sie erlangt. (Anklageschrift Marcel Gerbohay, 5. November 1942)

Und wie kommt ein russischer Grossfürst wieder auf den Thron, nachdem die Zarenherrschaft nicht mehr funktioniert? Seinem Freund Bavaud hat er, laut Anklageschrift, damals in Saint-Ilan erklärt:

> Im übrigen wolle er, um auf den russischen Thron zu kommen, einen Krieg zwischen der Sowjet-Union und Deutschland herbeiführen. In diesem Krieg solle Deutschland in Sowjet-Russland einrücken und den Kommunismus niederschlagen. Danach werde er in der Lage sein, die Deutschen zu zwingen, die Besetzung russischen Gebiets wieder aufzugeben. Sodann werde er den Zarenthron besteigen.

Und wie bringt man den Führer dazu, einen Krieg gegen Sowjet-Russland zu beginnen? Indem man ein Mitglied der «Compagnie du Mystère» – so nannte Gerbohay die geheimnisvolle Gruppe, welche sich am Strand jeweils versammelt hat – mit einer politischen Mission betraut:

> Um den Kommunismus zu schlagen, habe sich die «Compagnie du Mystère» des Führers bedienen wollen. Darum hätten die Mitglieder im Jahr 1938 im Priesterseminar von Saint-Ian beschlossen, dass Bavaud, der Verwandte in Deutschland gehabt habe, während der Ferien in das Reich reisen, den Führer sprechen und ihn veranlassen solle, Sowjet-Russland den Krieg zu erklären.

Und wie kommt Bavaud dazu, den Führer umbringen zu wollen, wenn man von dem doch erwartet, dass er Russland angreift? Ganz einfach: Gerbohay hat mit Bavaud korrespondiert, als dieser sich im Sommer 1938 auf seine Deutschland-Reise vorbereitete, und hat ihm mitgeteilt, dass der Führer zu einem Krieg gegen die Sowjet-Union nicht fähig sei; deshalb

wäre es doch besser, ihn umzubringen. Und Bavaud ist sofort losmarschiert.
So steht es in den deutschen Akten.
So könnte es gewesen sein.
[Wenn es so war, dann müsste Bavaud nicht mehr im Besitz seiner geistigen Kräfte gewesen sein. Kein vernünftiger Mensch konnte glauben – und niemand in Saint-Ilan hat es geglaubt – dass Gerbohay von einem russischen Grossfürsten abstammte. Dass er in Russland nach der Niederwerfung des Kommunismus den Thron besteigen würde, war noch lustiger. Und dass Bavaud, als unbekannter Theologiestudent, zum Führer würde vordringen können und ihm empfehlen sollte, ein bisschen in Sowjetrussland einzumarschieren, das konnte ein halbwegs informierter junger Mann nicht im Ernst annehmen. Bavaud war ein eifriger Zeitungsleser, und von H. war bekannt, dass er Politik nicht auf Grund von Gesprächen mit angehenden Missionaren machte. Ausserdem hat Gerbohay seinem Freund Maurice im Sommer 1938 erklärt, die Geschichte mit der noblen Abstammung sei frei erfunden. Später hat er in einem Brief diesen Widerruf widerrufen: er sei nun doch die berühmte Persönlichkeit. Diese Spitzkehren müsste Bavaud gläubig mitvollzogen haben; Plastilin in den Händen seines Freundes. Ein Phantast, der die Wahnvorstellungen seines Partners teilt. Oder ein ferngesteuerter Amokläufer.
Aber niemand von seinen Mitschülern und Geschwistern und Bekannten hat Maurice *so* in Erinnerung. Er wird von allen als ruhige, überlegene, selbständige, bisweilen etwas träumerische, aber ausgeglichene Persönlichkeit bezeichnet. Er war damals 22 Jahre alt, hatte eine erste Berufsausbildung (technischer Zeichner) drei Jahre vorher abgeschlossen. Im Internat wurde seine Intelligenz als gut eingestuft.
Aber vielleicht war die Zuneigung für Marcel Gerbohay so gross, dass der Verstand von Maurice ausgeschaltet wurde? Oder vielleicht waren *beide* krank, und ein geheimnisvoller Virus ist von Gerbohay auf Bavaud übergesprungen. Die Krankengeschichte von Gerbohay ist nicht aufbewahrt worden, der Hausarzt gestorben; ein zweiter Arzt, der ihn im Internat behandelt hat, Docteur Roussel, erinnert sich an nichts; ebenso seine Sprechstundenhilfe, Sœur Claire. Es kann sich bei den

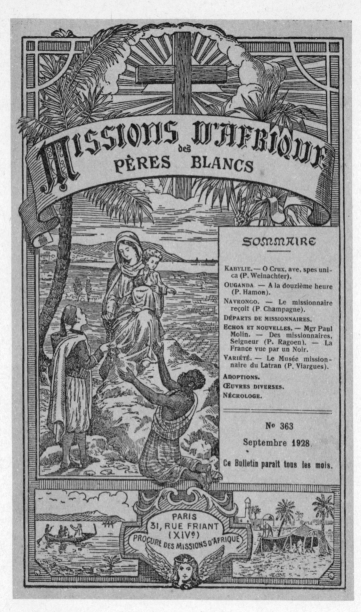

Missionszeitschrift, gefunden in der Schlossbibliothek von La Touche-Milon

Phantastereien um eine Psychose, aber auch um eine bewusste Irreführung der Umwelt gehandelt haben. Gerbohay wählte je nach politischer Konjunktur andere Vorfahren, 1941 hat er sich zum Beispiel als Sohn de Gaulles ausgegeben. Ausserdem war ihm bewusst, dass er geflunkert hatte. Bavaud war nie wegen einer Gemütskrankheit ärztlich behandelt worden, es fehlt bei ihm jeder medizinische Hinweis. Im Gefängnis ist er vom Psychiater Müller-Hess untersucht worden. Die Expertise bleibt verschollen; soweit die vorhandenen deutschen Akten darauf Bezug nehmen, soll bei Bavaud nicht die geringste psychische Anormalität festzustellen gewesen sein («Volle Zurechnungsfähigkeit»).
Und doch steht die Zarengeschichte und die seltsame Attentats-Motivation in den deutschen Akten. Bavaud und Gerbohay haben unabhängig voneinander ähnliche Aussagen gemacht, nach ihrer Verhaftung (aber kein Mitschüler wusste etwas von einem Auftrag Gerbohays an Bavaud).
Gibt es vielleicht eine geheimnisvolle psychische Krankheit, von der Bavaud in Saint-Ilan plötzlich befallen wurde, einen Krankheits-Schlüssel für alles Unerklärliche? Jedenfalls gibt es einen Historiker, der vom Glauben an diese Krankheit befallen worden ist.
Aber davon später.]
Der ehemalige Beichtvater und Lehrer von Gerbohay, de Cambourg, uralt, hager, schwarze Soutane, goldenes Kreuz auf der Brust, ein Gesicht wie Papst Pius XII, eine Stimme wie aus dem Grab, erinnert sich. Marcel habe nach einem Fussballspiel plötzlich diesen schweren Anfall gehabt; ein Delirium. Nichts Ungewohntes bei ihm, man habe das mit Achselzucken hingenommen. Aber nach jenem Fussballspiel habe es länger als üblich gedauert, 48 Stunden ununterbrochenes Phantasieren über Marie Antoinette und ihre Enthauptung und über die Erschiessung der Zarenfamilie und andere solche Sachen, eine überaus blutige Tagträumerei, und habe er ihn vergeblich zu beruhigen gesucht. Man habe Marcel dann aus dem petit séminaire entfernen müssen aus Rücksicht auf die andern Schüler, und weil nur geistig gesunde Kandidaten für das Priesteramt in Frage kommen, und so sei er denn zu Mutter und Schwester zurückgekehrt, und habe im Schlossgarten als Gärtner gewirkt.

Aber die Ruhe hat er auch dort nicht gefunden.
Seine Schwester sagt, es sei noch schlimmer mit ihm gekommen, er habe ihr richtig Angst gemacht, nachts sei er umgegangen wie eine arme Seele, mit schreckhaft geweiteten Augen, brüllend, und habe erzählt, er sei sein eigener Doppelgänger, er sei nicht ihr Bruder, sondern gleiche ihm nur zum Verwechseln. Zum Fürchten, ihr Bruder. Man habe keine Remedur schaffen können, die Mutter sei ganz trübsinnig geworden. Oder hätten sie vielleicht seine Hände und Füsse ans Bett binden sollen zwecks Beruhigung, wie das in Saint-Ilan geschehen war während seiner Zuckungen?

Heimat

Wenn man in ein unbekanntes Land reist, so empfindet man naturgemäss, nebst einer legitimen Neugierde, auch ein wenig Angst. Nachdem wir, nicht ohne leichtes Erschauern, den Zoll mit unserem Material passiert hatten – wir waren um vier Uhr morgens, mitten in der Ausgangssperre, auf dem Flughafen gelandet –, brachte uns das Taxi, welches eine Spezialerlaubnis der Militärbehörden hatte, in die Stadt. Bei jeder Kreuzung, angesichts von Tanks und andern Militärfahrzeugen, wurden wir von Soldaten, die das Bajonett aufgepflanzt hatten, kontrolliert. Die Stadt ist sehr modern, grosse Boulevards führen von der Altstadt, welche in der Ebene auf 1200 Meter über Meer liegt, bis zu den Villenquartieren, welche in der immerwährenden Sonne auf 1600 Meter über Meer liegen. Was die eigentlichen Geschäfte betrifft, so dürfen wir sagen, dass unsere Produkte sehr günstig aufgenommen wurden, und dass ihre hohe Technizität einen ausgezeichneten Eindruck gemacht hat, was für die Zukunft einiges hoffen lässt. Offerten werden ausgearbeitet, Abschlüsse stehen bevor. Die Generalvertretung unserer Produkte wurde der Firma P. übertragen, deren Direktor, Herr D., uns besonders tatkräftig unterstützt hat. Wir hoffen, dass die Dynamik, welche unsere Partner auszeichnet, uns ermöglichen wird, mit unseren Produkten einen Durchbruch zu erzielen.
Das war die Ankunft des Stosstrupps der Firma FAVAG aus Neuchâtel in Teheran, geschildert vom Stosstrupp-Leiter P. Glanzmann in der Firmenzeitung WIR VON DER FAVAG, Nr. 4, 1978, noch unter dem Schah. Die Völker murren und lehnen sich auf, der Belagerungszustand wird ausgerufen, die Armee schiesst, aber die Produkte der FAVAG erreichen, unter militärischer Bedeckung, stets ihren Bestimmungsort *im Lande von Tausendundeiner Nacht*, wie P. Glanzmann schreibt. Auch in Hong Kong und Taiwan sind die Präzisionsuhren der FAVAG gefragt, dieser Teil der Welt ist gegenwärtig in voller Entwick-

lung begriffen und bietet einen interessanten Markt mit zahlreichen Möglichkeiten.
Die Firma, 1865 gegründet, hiess ursprünglich Favarger wie ihr Patron. Die zweite Generation sei nicht viel wert gewesen, sagt der pensionierte FAVAG-Arbeiter B., die drei fils à papa hätten im Ausland das Geld des Vaters durchgebracht und das Geschäft derart ruiniert, dass es 1927 verkauft werden musste an Hasler, Bern, bei welcher Handänderung alle 120 Arbeiter entlassen und nur noch 80 wieder angestellt wurden. Man habe dabei politisch ein bisschen sieben können. Ursprünglich war die Fabrik in einem ehemaligen Zuchthaus in der Gegend des sogenannten Mail untergebracht gewesen, bevor sie nach Monruz am Eingang von Neuchâtel zügelte. Die Betriebsleitung in Bern habe keine organisierten Arbeiter einstellen wollen und jeweils Polizei auffahren lassen, wenn Gewerkschaftsfunktionäre sich auf das Fabrikgelände wagten. Es sei alles ruhig gewesen in der Fabrik, auch in den unruhigen zwanziger und dreissiger Jahren nie ein Streik. Der Erste-Mai-Umzug sei jeweils am Strassenrand von den Direktoren scharf beobachtet worden, damit sie eine Übersicht hatten und sich die Namen der FAVAG-Arbeiter, welche mitmarschierten, notieren konnten. Acht Stunden vierzig Minuten pro Tag wurde gearbeitet, und der Tramfahrplan war auf die Fabrik-Schliessungs- und Öffnungszeiten abgestimmt, und an der Pforte mussten alle Angestellten morgens einen Jeton bei ihrem Nümmerchen aufhängen, um ihre Anwesenheit zu markieren. Stechuhren gab es erst später. Eine rechte Lohndrückerei habe geherrscht, aber was wollte man machen, bei Suchard war es auch nicht besser (Schokolade). Man war immer brav, und niemand wagte zu schimpfen, sagt B. Wer entlassen worden sei, Kündigungsfrist 14 Tage, habe in der ganzen Gegend keine Arbeit mehr bekommen, der Name des fehlbaren Arbeiters sei allen Patrons in der Runde bekanntgegeben worden. Und so habe immer Ruhe geherrscht in der Fabrik, welche ihre Qualitätsprodukte schon damals exportierte, elektrische Uhren, Telefone, Limnimeter, d. h. Wasserstandsmesser, etc. Auch grosser Absatz im Inland, noch heute hängen in jedem Schweizer Bahnhof die beliebten FAVAG-Uhren, und die Firmenzeitung WIR VON DER FAVAG schreibt 1978 über den Arbeiter Pierre B.:

Monsieur Pierre B., stellvertretender Vorarbeiter im Galvanoplastic-Zentrum, hat uns auf Ende Oktober dieses Jahres verlassen, um seinen wohlverdienten Ruhestand anzutreten. Nachdem er am 15. Mai 1933 in die FAVAG eingetreten war, blieb er während der ganzen Dauer seiner Tätigkeit im gleichen Sektor beschäftigt. Während 45 Jahren war er ein gewissenhafter Mitarbeiter, der seine grosse Erfahrung in den Dienst der Firma gestellt hat. Wir bedauern seinen Abgang aufrichtig. Wir danken ihm herzlich für seine Loyalität und Diensteifrigkeit und wünschen ihm eine gute Gesundheit und einen langen Lebensabend inmitten der Seinen.

Im März 1932 ist Maurice Bavaud, im Alter von 16 Jahren, in die FAVAG eingetreten und hat dort drei Jahre lang eine Lehre als technischer Zeichner absolviert. «Eintreten» ist der richtige Ausdruck, man trat in die Lehre ein, wie man ins petit séminaire eintrat, und wurde einem harten Regiment unterstellt. Die Lehrlinge waren noch strenger gehalten als die übrigen Angestellten, erinnert sich der pensionierte Arbeiter B., es sei kein Schleck gewesen. Am besten verhielt man sich ruhig, wie überall in der Lehre, und parierte, so wie man früher in der Familie pariert hatte und später ein Leben lang am Arbeitsplatz parieren würde, bis dann der gewissenhafte Mitarbeiter den Dank der Firma für jahrzehntelange Loyalität und Diensteifrigkeit erhielt, und sein Abgang aufrichtig bedauert wurde. Maurice war auf Anraten des Vaters in die FAVAG eingetreten, er hatte nämlich immer so gut gezeichnet, warum sollte er sein Talent nicht in der Fabrik weiterbilden? Zugleich trat er dem Sankt-Josephs-Verein bei, so genannt nach Sankt Joseph, dem Schutzheiligen der Arbeit. Dort wurde Geselligkeit und katholisches Gedankengut gepflegt, nebst Sport. Ein Geistlicher stand an der Spitze. Es war Brauch, dass alle katholischen, in der beruflichen Ausbildung steckenden Jungmänner dem Sankt-Josephs-Verein beitraten. Der Heilige Joseph wurde in der ganzen katholischen Welt den Werktätigen als Vorbild hingestellt: arbeitsam, enthaltsam, unauffällig. Eine blasse, bescheidene Figur, die etwas einfältig, manchmal auch sauertöpfisch, von den Altären herunterlächelt; das Gegenteil des aufbegehrenden

Arbeiters. Am 1. Mai wurde von den katholischen Werktätigen nicht das Fest der Arbeit und der vielleicht kommenden Befreiung, sondern das Sankt-Josephs-Fest gefeiert, welches aber *auch* schön war, nur ohne Umzug durch die Stadt. Ein bisschen innerlich. Joseph als Patron des Jünglingsvereins bot noch einen weiteren Vorteil, war zugleich, weil er nach katholischer Doktrin seiner Frau nie fleischlich beigewohnt hatte, ein Inbild der Keuschheit, dem es nachzueifern galt, mindestens bis zur Heirat. Als höchste Form der Tugend wurde zusätzlich von eifrigen Geistlichen die sogenannte Josephs-Ehe hingestellt. Das ist, sagte uns der Vikar im Unterricht, wenn Frau und Mann zusammenleben wie Bruder und Schwester. Allerdings sei dieses Ideal, angesichts der seit dem Sündenfall gründlich verderbten Menschennatur, kaum zu erreichen, und man wolle nicht weiter darauf bestehen, aber schön wäre es eben doch.
So war das in der versunkenen katholischen Welt, dort drin ist Maurice aufgewachsen. Il s'est pas amusé, sagt sein Bruder Adrien. Versteinerungen von der alten Welt gibt es noch in Ecône im Wallis, wo Monseigneur Lefèbvre das Aroma der dreissiger Jahre konserviert. Lefèbvre, früher Missionsbischof von Dakar, ist ein ehemaliger Generaloberer der Kongregation vom Heiligen Geist, zu der auch Saint-Ilan gehört.
Wir stehen verloren in der katholischen Kirche von Neuchâtel und rekognoszieren. Wieder-Erkennen. (Repérages). Wie haben wir das ausgehalten? Vielleicht war es in der Jugend weniger schlimm, weil man nichts Anderes wusste. Und härter als die zwinglianisch-kahle Erziehung des Fritz Zorn kann es nicht gewesen sein, hier gab es Spuren von Sinnlichkeit und den Sündennachlass im Beichtstuhl; man musste nicht alles in sich hineinfressen. Gerüche von Weihrauch und Kerzen, auch etwas für die Augen, Chorröcke, Messkelche, Monstranzen, Ziborien, Zingulum, Stola, eine greifbare Meta-Physik. Sankt Joseph hoch erhoben / in ewger Himmelszier.
Wie hat Maurice das empfunden?
Seine Brüder Adrien und Jean-Pierre begleiten uns in die neugotische Kirche, der Hund von Jean-Pierre kommt auch mit, das Tier streift den Altären entlang. Sobald die Geschwi-

ster nicht mehr im elterlichen Haushalt lebten, sind sie von der Religion abgerückt.

* * *

Familienversammlung Bavaud, Sommer 1979, Vevey, bei Adrien zu Hause, mit allen Geschwistern: Hélène, Marie-Louise, Colette, Jean-Pierre und Adrien. Der Vater ist gestorben, die Mutter lebt in einem Altersheim. Die Geschwister sind alle zwischen 1916 (Maurice) und 1928 (Adrien) geboren. Ursprünglich waren es sieben; Marie-Thérèse, die Zwillings-Schwester von Adrien, ist im Alter von anderthalb Jahren gestorben. Jean-Pierre hat eine Mechaniker-, Adrien eine Dekorateur-Lehre gemacht, und Colette wurde als Schneiderin, die andern Schwestern als Verkäuferinnen ausgebildet (im Gemüseladen der Mutter).
Adrien: Als Maurice im Sommer 1938 von Saint-Ilan nach Hause kam und erklärte, dass er nicht Missionar werden wolle, waren die Eltern bestürzt. Sie hatten fest damit gerechnet, einen

Missionar in der Familie zu haben, und sich gefreut. Eine Zeitlang hoffte der Vater, dass *ich* vielleicht in die Lücke springen und einen Missionar abgeben würde, aber damit war Essig.
Jean-Pierre: Bei mir hat man das nicht einmal gehofft. Niemand wäre auf die Idee gekommen, dass *ich* Missionar werden könnte. Viel zu wenig fromm.
Colette: Von den Schwestern wollte auch niemand.
Marie-Louise: Sonntags nach dem Kirchgang wurden wir zu Hause jeweils gefragt, was gepredigt worden sei. Weil wir hin und wieder den Gottesdienst schwänzten, haben wir uns bei denen, die ihn nicht schwänzten, nach der Predigt erkundigt, und konnten immer Auskunft geben. Maurice ist als einziges von den Kindern immer regelmäßig zur Kirche gegangen.
Hélène: Hat aber alles getan, um dem Militärdienst zu entgehen. Die militärische Musterung hat er über sich ergehen lassen, ich erinnere mich, er mass 1 Meter 82 cm bei der Aushebung. Aber er konnte glücklicherweise die Rekrutenschule verschieben, seit er in Saint-Ilan war, und ich erinnere mich auch, dass wir während der Ferien einmal die neuen Rekruten in Colombier sahen, die schauten aus wie Sträflinge, und Maurice war entsetzt. «Sie werden mich nie in die Armee hineinbringen», sagte er. Er war ein Bewunderer von Gandhi und hat die Armee immer lächerlich gefunden.
Colette: Manuell war er nicht gerade begabt, eher ein Träumer. Als er mich einmal im Kinderwagen spazierenführte, hat er den Wagen im Wald stehen lassen und ist gedankenverloren weitergegangen.
Jean-Pierre: Der Vater ist ziemlich streng mit ihm gewesen, wie mit uns allen. Weil Maurice der Älteste war, hat er am meisten von der Strenge mit abbekommen. Der Vater war wirklich sehr strikt in allen Dingen, rauchte nicht, trank nicht, ging nie ins Wirtshaus, n'allait pas aux filles. Der Vater hatte keine Fehler, ausser, dass er manchmal zornig wurde und ihm vielleicht die Hand dann ausrutschte, und weil er einen derart guten Charakter hatte, kamen wir uns ganz klein vor, verglichen mit ihm, und fühlten uns manchmal schuldbewusst.
Hélène: Seine Vorgesetzten auf der Post schätzten ihn sehr. Als Postbeamter hatte er eine sichere, aber bescheidene Stellung, am Schluss seiner Karriere hat er zwei Streifen an der Mütze ge-

habt. Man konnte sich nicht das geringste zuschulden kommen lassen, als Bundesbeamter musste man in jeder Beziehung korrekt sein. Vor dem Krieg hat er etwa 400 Franken monatlich verdient, ohne den Gemüsehandel der Mutter wären wir nicht durchgekommen. Für den Vater gab es auf der Welt zwei Auto-

ritäten: Bern und Rom, den Staat und die Kirche. An die beiden hat er felsenfest geglaubt.
Jean-Pierre: Es wäre besser gewesen, wenn er weniger an die beiden geglaubt hätte. Aber Papa war unerschütterlich. Der Staat konnte ihn verseckeln, soviel er wollte, Papa hat nie an ihm gezweifelt. Auch hat er zu sehr an den Himmel geglaubt.
Marie-Louise: Der Vater hatte beschlossen, dass Maurice technischer Zeichner werden sollte, eine Lehre in der FAVAG erschien ihm solid genug. Aber Maurice liebte etwas Anderes, hat Segelschiffe gezeichnet, Kirchtürme und andere poetische Sachen, das mechanische Zeichnen in der FAVAG lag ihm nicht. Aber da gab es keine Wahl. Maurice hätte das humanistische Gymnasium besuchen sollen, das wäre seinem Talent bekömmlich gewesen. Er hat tagelang in der Städtischen Bibliothek sitzen können, den ganzen Tschechow und Dostojewski hat er dort gelesen, für die hatte er eine Vorliebe, und hat beigenweise Zeitungen vom Kiosk heimgebracht. Aber das Gymnasium kam für unsereinen nicht in Frage, die Universität natürlich auch nicht, obwohl wir in Neuchâtel eine haben.
Jean-Pierre: Für die Reichen.
Hélène: Heute ist das anders.
Jean-Pierre: Glaubst Du!
Hélène: Die Katholiken waren eine kleine Minderheit und gingen nicht in die normale Volksschule wie die protestantischen Neuenburger, sondern zu den christlichen Schulbrüdern, les frères de l'école chrétienne. Was ein überzeugter praktizierender Katholik war, schickte seine Kinder dorthin. Die christlichen Schulbrüder kamen aus Frankreich, und das merkte man. Wir wurden ganz französisch erzogen, der deutsch-französische Krieg von 1870/71 stand uns näher als der Sonderbundskrieg. Die Deutschen waren eine abscheuliche Rasse, lernten wir bei den christlichen Schulbrüdern. Die würden mit Sicherheit wieder einen Krieg anfangen, die konnten gar nicht anders. Wir haben in der Erwartung eines neuen Krieges gelebt.
Colette: Die Schlussexamen mussten wir in der normalen Schule ablegen. Dort hiess es dann: Die Katholen müssen besonders gut beaufsichtigt werden, die verstehen sich aufs Betrügen. Les cathos trichent. Die Katholiken haben in Neuchâtel am Rande gelebt, und von den vornehmen und reichen Familien war keine

katholisch, und wenn wir den de Montmollins, du Pasquiers oder Borels das Gemüse aus dem Laden der Mutter ins Haus brachten, wir haben nämlich alle unsere Erfahrungen als Ausläufer gemacht, wurden wir herablassend behandelt.
Jean-Pierre: Die waren ausgesprochen hochnäsig.
Hélène: Unsere Mutter war enorm deutschfeindlich eingestellt, und sagte immer: der nächste Krieg kommt bald. Sie war politisch ziemlich auf dem laufenden. Die Deutschen hasste man. Eine Freundin der Mutter hat einmal gesagt: Wenn die Deutschen kommen, erwürge ich zuerst meine Kinder, damit sie diesen Barbaren nicht in die Hände fallen.
Adrien: Die christlichen Schulbrüder hassten auch die Engländer. Schande über die Engländer, perfide Engländer, und Ähnliches haben wir gelernt. Aber die Italiener waren beliebt. Ich erinnere mich, als der italienische Konsul einen Schulbesuch machte, haben wir im Singen die Mussolini-Hymne durchgenommen, damit wir den Konsul mit der richtigen Wärme empfangen konnten. Wir waren auch gut informiert über die Leistungen der französischen Kampfflieger im Ersten Weltkrieg.
Marie-Louise: Und die französische Literatur! Maurice hat sich früh schon für Daudet begeistert und LES LETTRES DE MON MOULIN streckenweise auswendig gekonnt. Er war ein richtiger Literat und hat auch selbst Gedichte gemacht.
Adrien: Die Katholiken waren eine Enklave in Neuchâtel. Man war wie eingeschlossen in einer fremden, protestantischen Umwelt.
Hélène: Schlecht ist es uns nicht gegangen, wir haben schöne Familien-Erinnerungen. Wir haben nicht gedarbt. Die Mutter hat eine Pension geführt, das gab noch zusätzlichen Verdienst. Von der Universität haben wir direkt nichts gehabt, wir konnten sie nicht besuchen, aber indirekt doch profitiert, indem wir Studenten-Pensionäre aufnahmen. Neuchâtel ist eine Studentenstadt, all die vielen Schulen und Institute, das hat uns geholfen bezüglich der Aufbesserung des Budgets. Die Mutter suchte immer neue Wohnungen, wir haben sicher zehnmal gezügelt, damals.
Jean-Pierre: Vierzehnmal. Die Mutter hatte einen richtigen Bewegungstrieb. Kaum waren wir irgendwo installiert, sind wir schon wieder ausgezogen. Die Mutter war ruhelos, hat immer

etwas Neues gesucht. Wir brauchten Platz für die Pensionäre.
Adrien: Eine Zeitlang hatten wir eine Haushaltlehrtochter aus der Deutschschweiz. Maurice hat ihr vorgeschlagen: Wenn Du mir Deutsch beibringst, übernehme ich das Geschirrwaschen. Das war, bevor er nach Deutschland reiste im Oktober 1938. Niemand in der Familie hat etwas von seinem Reiseplan gewusst, eines Morgens war er einfach verschwunden.
Marie-Louise: Am Abend vorher war ich noch mit Maurice im Kino Palace, wir haben LA DAME DE MALACCA gesehen, mit Edwige Feuillère. Es war ein schöner Film. Von einem Attentats-Plan oder so sagte Maurice nichts, ich hätte ihn ausgelacht. Am nächsten Morgen war er verschwunden. 1938 in den Sommerferien war er nicht ganz wie sonst, er machte einen gespannten Eindruck, aber das habe ich auf seine beruflichen Schwierigkeiten zurückgeführt, er hatte die Missionars-Idee aufgegeben und wollte nicht nach Saint-Ilan zurück.
Hélène: Er hat aus Baden-Baden, oder schon vorher aus Basel geschrieben, wir sollen uns keine Sorgen machen, er suche Arbeit in Deutschland und sei bei den Gutterers soweit gut aufgehoben. Wir haben dann dem Vater gesagt, er solle doch bitte Maurice einen Brief schreiben, er müsse aus Deutschland zurückkommen, das Land sei viel zu gefährlich. Aber der Vater sagte: Er ist abgehauen, soll er bleiben, wo er ist.
Marie-Louise: Im September, bevor er verschwand, hat er von der Mutter die Adresse der Verwandten in Baden-Baden erfahren wollen. Aber die Mutter hat sie ihm nicht gegeben. Jetzt ist nicht der Moment, um nach Deutschland zu reisen, sagte sie. Maurice hat nicht auf der Adresse beharrt, und so kam denn sein Verschwinden aus heiterem Himmel.
Jean-Pierre: Später, als Maurice im Gefängnis war, hat der Vater dem Gutterer in Berlin, welcher dort eine hohe Stellung hatte im Propagandaministerium, geschrieben, ob er nicht etwas für Maurice tun könnte. Da kam er an den Richtigen! Der hat natürlich nie reagiert, dieser Obernazi. Mit dem haben wir auch noch eine Rechnung zu begleichen. Auch an den Papst hat der Vater, wenn ich mich recht erinnere, geschrieben, aber für den Papst war die Sache nicht wichtig genug. Das Rote Kreuz wollte er auch einschalten.

Und an Bundesrat Motta ist er auch gelangt, aber eine Antwort von ihm persönlich bekam er nicht. Das Politische Departement in Bern hat immerhin dem Vater versprochen, dass der Gesandte Frölicher, oder wie der heisst, in Berlin sich kräftig einsetzen werde für Maurice, aber Frölicher hat gar nichts unternommen. Wir sind verseckelt worden.
Adrien: Wir konnten es einfach nicht glauben, dass Maurice ein Attentat machen wollte, bei seinem stillen Charakter. Wir nannten ihn «den Friedfertigen», le Pacifique. Wenn ich mich daran erinnere, wie er als Kind vor einem kleinen Hausaltar jeweils die Messe gelesen hat, mit einem Stück Zucker als Hostie. Ich sehe ihn nicht als Attentäter, und ich kann nicht glauben, dass er der Mutter sechshundert Franken gestohlen hat, um damit nach Deutschland zu reisen, das trauen wir ihm nicht zu. Und politisch war die Sache auch nicht klar.
Marie-Louise: Politisch war er links.
Jean-Pierre: Aber nicht doch! Er war rechts, las regelmässig die «Action Française», und die war royalistisch und rechtsextrem.
Hélène: Vielleicht hat er sie aus Opposition zum Vater gelesen, die Lektüre war den Katholiken vom Papst verboten worden, und als treugläubiger Katholik hat der Vater die Zeitschrift nicht im Hause dulden wollen. Auf jeden Fall hat Maurice auch linke Zeitungen gelesen, «La Sentinelle» zum Beispiel. Mit dem Vater hat er politisch nie harmoniert, der war ihm zu konservativ.
Adrien: Vielleicht hatte er noch gar keine definitive Meinung gehabt in politischen Dingen, er war damals etwas mehr als zwanzig Jahre alt, da ist man noch nicht festgelegt. Er hat sich informieren wollen, voilà tout.
Hélène: Er war anders als wir, er war kein typischer Schweizer, der sich mit kleinen Verhältnissen begnügte, er wollte hinaus und fort. Nach der Realschule hat er, vor seinem Eintritt in die FAVAG, das Technikum in Fribourg besucht. Dort gibt es eine Niederlassung der Kongregation vom Heiligen Geist, vielleicht ist ihm die Missionars-Idee schon damals gekommen. Später hat er ein Buch über die Missionen gelesen, davon war er beeindruckt. Das technische Zeichnen hat ihn kaltgelassen. Aber als klassischen Missionar konnte ich ihn mir auch nicht vorstellen, mit weisser Soutane und Tropenhelm. Ich sehe ihn eher mit ei-

nem Lendenschurz unter den Eingeborenen, wie einen neugierigen Ethnologen, der selber etwas lernen will, statt andern die Wahrheit zu bringen. Er war immer lernbegierig.

* * *

Die Familie bewahrt Dokumente auf, die an Maurice erinnern. Briefe auf Gefängnispapier – «nur die Linie benutzen! Ränder nicht beschreiben!», Briefumschläge mit dem Absender Bavaud, Königsdamm 7, Berlin-Plötzensee; auf dem Klebstreifen der Vermerk GEOEFFNET/OBERKOMMANDO DER WEHRMACHT/ GEOEFFNET.
Brief des Gefängnisdirektors von Plötzensee:
Der Nachlass Ihres Sohnes Maurice Bavaud, der den Erben ausgehändigt werden kann, besteht aus Bekleidungsstücken und verschiedenen zum persönlichen Gebrauch bestimmten Gegenständen. Ausserdem werden für ihn noch 19,61 RM Bargeld aufbewahrt. Sie werden um Mitteilung ersucht, was mit dem Nachlass geschehen soll. Ich stelle Ihnen anheim, eine im Inlande wohnende Person zu bevollmächtigen, die den Nachlass hier in Empfang nimmt. In Vertretung: gez. Dr. Krause, Regierungsrat. Beglaubigt: Kirchner, Verw. Angestellte.
Es musste alles seine Richtigkeit haben. Es wurde Wert gelegt auf Ordentlichkeit. Antwort des Vaters:
Sehr geehrter Herr Direktor, Würden Sie bitte die Freundlichkeit haben, seine Kleider und persönlichen Effekten nach Neuchâtel (Schweiz) zu senden. Diese Gegenstände werden für uns eine Erinnerung sein an einen Sohn, den wir sehr geliebt haben und der sich leider von seiner Berufung hat abbringen lassen. Dieser Fehler hat ihm das Leben gekostet. Die Kosten für die Übersendung können vom verbliebenen Geld abgezogen werden. Den Restbetrag wollen Sie bitte dem katholischen Anstaltsgeistlichen übergeben, für eine Messe zum Andenken an unsern Sohn. Mit freundlichen Grüssen, Alfred Bavaud.
Darauf kam ein Paket aus Berlin mit dem Begleitbrief:
Anbei übersende ich Ihnen den Nachlass von Maurice Bavaud. Eine Aufstellung der eingebrachten Sachen liegt bei. Plötzen-

see, den 11. Juli 1941, Hauskammer II, gez. Wuiskowiek, Hausvater.
In der beiliegenden Aufstellung (Vordruck) waren die Habseligkeiten eingetragen. 1 P. Schuhe Halb, br. – 4 Manschettenknöpfe. – 5 Taschentücher. – 1 Rasierapparat. – 5 Klingen. – 1 Morgenrock. – 1 Wörterbuch. – 1 Dose (leer). – 2 Kragenknöpfe. – 1 P. Sportsocken. – 1 Kamm. – 1 Zahnpasta (Rest). – 2 Schlips. –
Etc.
Auch das Dienstbüchlein von Maurice ist noch vorhanden. Resultat der sanitärischen Musterung: Grösse 182 cm, Brustumfang 91 cm, Oberarmumfang 25 cm, Sehschärfe rechts 1,5, links 1,5, Hörschärfe rechts 6, links 6. Beschluss der Kommission: Diensttauglich. Neuchâtel, 13. Mai 1935.
Aus dem Gefängnis hat er auch Gedichte an die Familie geschickt, die er selbst verfasste; von einigen schreibt er: «Bewahrt sie nicht auf, sie sind zu schlecht geraten.» Eines ist überliefert worden:

> Schaum bedeckt die Wellen
> der Himmel ist schwarz, das Wasser grün
> mein Schiff drängt vorwärts
> einsam auf den Wellen
>
> Das Segel in dem der Wind heult
> verliert sich in den Wolken
> Der Wind ächzt
> und seufzt in den Seilen
>
> das kleine weisse Schiff
> zittert und schwankt
> unter dem Ansturm der Wellen
> und schiesst vorwärts im Sturm

Und ein Brief aus Berlin ist auch noch da:
Der am 14. 5. 1941 hingerichtete Maurice Bavaud wurde schon während seiner Untersuchungshaft und auch nach der Verurteilung von mir betreut. Vor seinem Tode empfing er die Sakramente der Busse und des Altars. In den letzten Stunden weilten seine Gedanken bei seinen Eltern und Geschwistern, wie dies auch aus seinem Abschiedsbrief an diese zu ersehen war. Es tat

ihm sehr leid, dass er durch seine Tat den Eltern Kummer und Schande bereitet hat. Berlin, den 5. August 1941, gez. Rösler, Strafanstaltspfarrer.

Klassenfoto aus Saint-Ilan, 1936. Hinter dem Priester in der mittleren Reihe: Maurice Bavaud

Heimat II

Bevor wir jetzt wieder über die Grenze fahren: Das seltsame Gefühl, wenn man den Spuren des Terrors nachgeht. Rückwärtsgewandte Wut auf diese Deutschen: Warum sind sie nicht aufgestanden? Vor ihren Augen wurden die Andersartigen, Juden, Sozialisten, Kommunisten, Zigeuner etc., abgeführt. Viele Urteile des Volksgerichtshofes waren öffentlich angeschlagen. Die Ungeheuerlichkeiten waren bekannt. Es genügte, dass einer am Sieg zweifelte, schon wurde ihm der Kopf abgeschnitten. Der Terror fing vergleichsweise bescheiden an, 1933 nach der Machtübernahme, die Gaskammern waren nicht der Anfang. Zuerst die Parteiverbote, Berufsverbote, Schreibverbote, die Einteilung der Bürger in gute und schlechte. Gleichgeschaltete Zeitungen, zerstörte Vielfalt bei der Presse, Propagandaministerium gibt Anweisungen an die Journalisten, Goebbels und sein Gutterer greifen durch. Die Angst der Journalisten, ihren Beruf zu verlieren. Die Denkfaulheit der Verschonten: So schlimm wird es nicht sein in den Gefängnissen, und übrigens wollen wir es gar nicht so genau wissen. Zuerst das Fressen, dann die Menschenrechte. Und warum mussten die Linken immer so übertreiben mit ihren grossen Demonstrationen und Strassenkämpfen? Jetzt haben sie die Bescherung, ein bisschen KZ zum Abkühlen kann nicht schaden, so schlimm wird es nicht sein. Und vielleicht ist es doch besser, wenn sie nicht mehr unter uns sind. Warum konnten sich die nicht anpassen und tun wie die andern?
Eine Feiglings-Gesellschaft, diese Deutschen. (Damals)
Verachtenswert. (Im allgemeinen)
Kriecher.
Feig.
Nicht wie wir, die Schweizer. Die Deutschen haben nie Demokratie von unten herauf gehabt, wie wir sie gehabt haben, ein Jahrhundert lang. Bei uns hätte das nicht passieren können; ist auch wirklich nicht passiert, bitte sehr.

Heute in Zürich (Schweiz):
a) Die Regierung führt die Grauzone ein. Mitglieder der PdA, der Trotzkistischen Partei, AKW-Gegner etc., werden vom öffentlichen Dienst ausgeschlossen. Man kann ihnen keine Verfassungs-Feindlichkeit nachweisen, eben deshalb führt die Regierung die Grauzone ein. Das ist jener Bereich, welcher am Rande der Legalität liegt, bzw. liegen soll, zwischen Legalität und Illegalität. Berufsverbot für einige hundert junge Leute, vor allem Lehrer. Es kann aber auch auf andere Kategorien übergreifen, man ist nicht kleinlich. Niemand von den Eingezonten hat auch nur im Traum daran gedacht, den Staat umzustürzen, die Verhältnisse mit Gewalt zu bekämpfen. Das macht aber nichts, sie könnten es vielleicht einmal denken wollen in Zukunft. Wehret den Anfängen, aber auch den Fortsetzungen. Die Einführung der Grauzone wird ohne Auflehnung, auch ohne grosses Erstaunen von der Presse zur Kenntnis genommen. Von einer Kampagne gegen den Erlass ist nichts zu sehen. (So schlimm wird es auch wieder nicht sein.) Die meisten Journalisten riskieren nichts, haben (im allgemeinen) nie etwas riskiert in ihrer Laufbahn, ausser der Karriere haben sie keine Sorgen und können sich also nicht vorstellen wie es ist, wenn andere Leute etwas riskieren.
b) Fernseh-Diskussion. Zwei Vertreter der Jugendlichen, Herr und Frau Müller (Pseudonym), diskutieren mit Vertretern der Staatsgewalt über die zürcherischen Jugend-Unruhen. Sie machen es ironisch und sagen: Bitte das nächste Mal härter durchgreifen gegen uns, an die Wand stellen, richtige Kugeln statt Gummigeschosse, totschlagen statt Tränengas! Die Vertreter der Staatsgewalt sind verblüfft, dann empört. Am nächsten Tag (mit einer Ausnahme) Aufschrei in der Presse: Die Jungen machen unsere Behörden lächerlich! Missbrauchen das Fernsehen! Machen sich lustig, anstatt ernsthaft zu diskutieren (darf man am Fernsehen nicht). Kurze Zeit darauf bringt eine weitverbreitete Lokalzeitung das Bild von Frau Müller auf der ersten Seite mit dem Riesentitel: FRAU MÜLLER WOHNT BEI DER STADT! Die Zeitung will herausgefunden haben, dass Frau Müller in einer städtischen Notwohnung gratis wohnt, während alle andern Leute Zins zahlen müssen. (Die Information stimmt nicht, aber das macht nichts, die Leute glauben es trotzdem.) Die junge

Frau, welche unter dem Pseudonym Müller am Fernsehen aufgetreten ist, hat ausserdem einen irakischen Vater, besitzt jedoch einen schweizerischen Pass. Arabischer Eindruck ... die Behörden verulken ... dazu eine Sozialwohnung bewohnen ... Frau Müller erhält Drohbriefe: Man werde sie, die Araber-Sau, nächstens umbringen. Als Vorgeschmack erhält sie auch, vorläufig noch als Beilage zu einem Brief, eine Patrone geschickt; sie könne sich jetzt gefasst machen. Vor dem Haus, das sie bewohnt, versammeln sich gruppenweise empörte Bürger und zeigen mit dem Finger auf ihre Wohnung: Dort wohnt sie, die Sau. Weil die Zeitung, welche ihr Bild veröffentlicht hat, ein Gratis-Anzeiger ist, der in alle Haushaltungen kommt, kann sie sich kaum mehr in der Stadt bewegen, ohne beschimpft und bedroht zu werden. Es wird lebensgefährlich für sie, ihr Kopf ist bekannt. Jetzt nimmt sie einen Anwalt, der veranstaltet eine Pressekonferenz, beschreibt die Nachstellungen, stellt juristische Schritte gegen den Gratis-Anzeiger in Aussicht.

Darüber bringt die einzige liberale Zeitung am Ort einen winzigen Bericht, gut versteckt im Innern des Blattes; die andern Medien schweigen die Sache tot. Von einer Pressekampagne gegen die, wie man wohl wird sagen dürfen, rassistische Verhetzung, ist nichts zu spüren. Frau Müller hat gesündigt gegen das Allerheiligste, gegen den kleinen Hausaltar, das FERNSEHEN. Dafür soll sie büssen.

Das Fernsehen als Institution ist heute ungefähr so heilig wie damals der Führer als Person. Wer Karriere machen will (und die Auflage erhöhen), lässt sich durch die Verfolgung von Frau Müller nicht aus der Ruhe bringen.

* * *

Verwunderung über diese Deutschen, die beim Anbruch der Diktatur ihre andersartigen Mitbürger nicht geschützt haben. Keine Antisemiten, nur gleichgültig. Staunen über den Lehrer Schertl in Berchtesgaden, für den es ganz normal war, dass Kommunisten und Juden in der Schule nicht unterrichten durften. Die Karriere von Ministerialdirektor Leopold Gutterer,

der sich immer angepasst hat. Die Journalisten, welche die Befehle des Propagandaministeriums lautlos entgegennahmen.
Finstere Zeiten, damals.
Maurice Bavaud hat aus einem deutschen Gefängnis nach Hause geschrieben:
«Hier, in Brandenburg, herrscht ein ewiger Winter. Es regnet, es ist kalt. Und in der Schweiz?»

Eingeschlossen

Nachdem Maurice im Schnellzug München–Paris dem Schaffner aufgefallen war, weil er keine Fahrkarte hatte, ist er in Augsburg der Bahnpolizei übergeben worden, «die ihn dann, weil es sich um einen Ausländer handelte, der Staatspolizei zuführte». (Anklageschrift)
Wegen Fahrkartenbetrugs und unbefugten Waffenführens wurde er nun zunächst vom Amtsgericht Augsburg, dem er auch «zugeführt» worden war, mit zwei Monaten und einer Woche Gefängnis bestraft. Aber die Geheime Staatspolizei, welche den jungen Mann sofort untersucht hatte, war von Anfang an überzeugt, mehr als einen harmlosen Schwarzfahrer und Waffenliebhaber geschnappt zu haben. Leider sind die Verhörakten nicht erhalten, vielleicht wären Hinweise auf die Verhör-Methoden dort herauszulesen. Als zimperlich war die Gestapo nicht bekannt; von Essensentzug, Schlafentzug, Psychoterror bis zur handfesten körperlichen Folter standen ihr alle Möglichkeiten zur Verfügung. Gegen diese Methoden war kein Kraut gewachsen, sie gehörten zum Alltag des Dritten Reichs. Vorerst hatte Maurice keinen Anwalt, er war von der Umwelt abgeschnitten. Erst in Berlin, im Hinblick auf den Prozess, wurde ihm ein Pflichtverteidiger zugewiesen. (Auch dieser hätte gegen brutale und raffinierte Verhörmethoden nichts ausrichten können, die hatten sich halt eingebürgert.) In den Briefen, welche er später aus den Berliner Gefängnissen Moabit und Plötzensee nach Hause schrieb, durfte er darauf keinen Bezug nehmen, das blieb sonst in der Zensur hängen. Nur *eine* Anmerkung ist durchgeschlüpft: Er schreibt, dass er auf einem Auge fast nichts mehr sehe.
Bei der Festnahme waren auf dem Angeschuldigten nebst der Schmeisser-Pistole, der Fahrkarte, dem gefälschten Empfehlungsschreiben, dem Geldbetrag von 1,52 RM und dem für den Führer bestimmten Briefumschlag auch ein Foto von Marcel Gerbohay gefunden worden, auf dessen Rückseite lateinisch

geschrieben stand: «Ich glaube an Deinen Stern, wir sind ein Körper, ein Herz und eine Seele, überall und immer.» Ausserdem kam eine seltsame Schutzerklärung zum Vorschein, französisch abgefasst: «Dieser Mann steht unter meinem unmittelbaren Schutz und hat nichts getan, was nicht meinen Befehlen gemäss ist.» Darunter befanden sich drei ineinander verschlungene Buchstaben, A-H-B.
Bei der ersten staatspolizeilichen Vernehmung vom 14. November 1938 gab Bavaud zu Protokoll, «er habe als ein Bewunderer der nationalsozialistischen Bewegung und der Leistungen des Führers den Wunsch gehabt, mit diesem persönlich zu sprechen, um ihn über alle die Schweiz angehenden Angelegenheiten und besonders auch darüber zu befragen, was er von der Neutralität der Schweiz halte». Ohne Empfehlungsschreiben sei ihm ein Besuch beim Führer aussichtslos erschienen; deshalb die Fälschung. Und die Pistole? Wollte er den Führer mit einer Pistole in der Hand bewundern?
Die habe er 1938 in Neuchâtel aus reiner Liebhaberei gekauft und trage stets eine solche mit sich herum. Selbstverteidigungswaffe! Hinsichtlich der Schutzerklärung könne er nur sagen, dass sie von einer in Deutschland sehr bekannten Persönlichkeit stamme.
Darauf hat ihm die Gestapo ein wenig zugesetzt und alle Angaben über seine Deutschland-Reise nachgeprüft. Vom 24. bis zum 31. Januar fanden weitere «Vernehmungen» statt. Insbesondere die Reise von Baden-Baden nach Basel ist der Polizei verdächtig vorgekommen. Maurice verwickelte sich in Widersprüche: Zuerst gab er an, die Pistole gekauft zu haben, um Selbstmord zu begehen, aus Verzweiflung darüber, dass er in Baden-Baden keine Arbeit gefunden habe. Schliesslich (nach wie vielen Schlägen?) offenbarte er seinen Attentats-Plan. Von der Schutzerklärung sagte er nun, es komme ihr keine Bedeutung zu, sie sei von ihm selbst verfasst worden. Bald darauf widerrief er diesen Widerruf: Die Persönlichkeit des Protektors existiere tatsächlich, und er habe ihn während seiner Deutschland-Reise mehrmals getroffen. Später widerrief er den Widerruf des Widerrufs und sagte aus, er habe keinen Beschützer und auch keinen Auftraggeber gehabt, sondern ganz allein, aus eigenem Antrieb, gehandelt.

Später...
Aber vielleicht ist es anmassend, diese Widersprüche heute mit der Lupe untersuchen zu wollen und sie dem Angeklagten vorzurechnen, als ob man selbst ein Richter wäre. Maurice schwankte zwischen Angst und Stolz. *Die Angst vor dem Todesurteil*: Wenn ein Anstifter im Spiel war, so rechnete er es sich vielleicht aus, könnte er die Schuld abwälzen und dem Tod entgehen. *Der Stolz des Attentäters*: Er hatte etwas Kühnes unternommen und wollte, aus Selbstachtung, zu seiner Tat stehen. Wenn er die Allein-Täterschaft leugnete, gab er sich auf. Das Attentat war die herausragende Tat seiner Existenz gewesen. Je nachdem, ob Angst oder Stolz stärker waren, hat er eine andere Version gegeben.
Von Augsburg wurde Bavaud ins Untersuchungsgefängnis Berlin-Moabit verbracht. Dort erlebte er «richterliche Vernehmungen», vom 25. Februar bis zum 1. März und vom 27. bis 28. März 1939.

damals

Das Gebäude glich einer Festung. Ringsherum Patrouillen, zu Pferd, motorisiert, zu Fuss mit Hunden, Posten mit Maschinenpistolen, Stacheldraht; vielleicht wurde ein Angriff erwartet. Polizeiautos zirkulierten rings um das Gefängnis. Ein Flügel schien besonders gut gesichert, Renovationsarbeiten noch im Gange, frischer Verputz, neue Vergitterung. Gefängnisse sehen immer wie Festungen aus, aber hier in Moabit war der Charakter noch verstärkt. An Ausbruch war nicht zu denken, besser gesagt: nicht mehr; ein paar Gefangene waren vor kurzem entwichen, darum das grosse Sicherheits-Aufgebot. Auf der Türe, hinter einem Maschinengewehr-Posten, die Bekanntmachung:

Von aussen dürfen wir filmen. Die Kamera fixiert unbeweglich die unbewegliche Maschinenpistole eines Wächters. Es ist wie ein Zweikampf mit verschiedenen Waffen, und er dauert lange. Der Wächter darf sich keine Emotion anmerken lassen. Lange zielen die beiden Instrumente aufeinander, und das Gezirp der walkie-talkies erfüllt die Luft. Im Gefängnis sitzen Terroristen und erwarten ihren Prozess (Lorenz-Entführung), deshalb dürfen Kameras und Fotoapparate nicht eindringen, sie werden

von den Behörden als gefährlich empfunden und in die Kategorie der Waffen eingestuft.
Im Keller der Strafanstalt liegt eine Guillotine; eingemottet. Die Todesstrafe gibt es in diesem Teil von Deutschland nicht mehr. Die Verpflegung ist ungleich besser als zu Bavauds Zeiten, die anwaltliche Betreuung auch. Die Terroristen sitzen nicht mehr den ganzen Tag gefesselt in der Zelle wie Bavaud. (Hand- und Fussfesseln)
Die Überwachung der Gefangenen ist auch verbessert worden, ihre Kontrolle verfeinert. Man kann sie Tag und Nacht mit einem Monitor erfassen; sie sind besser isoliert. Früher musste der Gefängniswärter durch den Spion in die Zelle gucken, um sich einen Ueberblick zu verschaffen. Der elektronische Fortschritt hat diesbezüglich Abhilfe geschaffen.
Bavaud hat hier in der Isolationshaft gesessen bis zur Verhandlung vor dem Volksgerichtshof am 18. Dezember 1939.
Es gibt einige Briefe von ihm aus Moabit, welche durch die Zensur gekommen sind und die Familie erreicht haben.

17. August 1939

Meine Lieben,
ich danke Euch für die letzten Bücher, die Ihr mir geschickt habt. Leider hat man mir sie vorenthalten, obwohl sie bestimmt hier eingetroffen sind. In der Gefängnisbibliothek gibt es kein einziges französisches Buch mehr. Ich verbringe also einen grossen Teil meiner Zeit damit, Verse und irgendwelche Geschichten zu schreiben (...) Ich kann Euch jetzt nichts mehr sagen, aber dank Monsieur de Musset mögt Ihr doch etwas über mich erfahren. Es handelt sich übrigens immer um das Gleiche, obwohl diese Verse charakteristisch sind (der Dichter träumt und leidet). Er sagt:

Warum schlägt mein Herz so schnell?
Was bewegt sich so heftig in meiner Brust?
Wovor habe ich Angst?
Klopft nicht jemand an meine Türe?
Warum blendet mich das Licht
meiner halb erloschenen Lampe?
Allmächtiger Gott! Mein ganzer Körper fröstelt.

Wer kommt? Wer ruft mich? Niemand.
Ich bin allein, die Stunde schlägt.
O Einsamkeit, o Elend!

(Alfred de Musset, Nuit de Mai)

Ich vergass Euch zu sagen, dass ich viele Verse auswendig lerne, das ist eine meiner wichtigsten Beschäftigungen, und wenn ich alle verfügbaren auswendig kann, so wird es Zeit sein, sie zusammen mit dem Engel der Finsternis zu singen. Ich habe schon einige hundert auf Vorrat. Die letzten, die ich studiert habe, sind von Baudelaire. Was für eine Ironie: Es handelt sich um die «Invitation au voyage» (Einladung zur Reise).
Finanziell könnt Ihr mir immer helfen. Aber warum schreibe ich das, ich weiss doch, dass Ihr ohnehin alles für mich tut. Ich umarme Euch. Maurice.
PS: Man soll meine Verse nicht kritisieren, sie würden es nicht ertragen.

Weshalb er angeklagt war, durfte Maurice der Familie nicht schreiben, und die Haftbedingungen konnte er auch nicht näher erläutern. Zu Hause in Neuchâtel wusste man nur, dass er *wegen eines politischen Delikts* in Moabit sass; soviel hatte das Politische Departement durchsickern lassen. Der Vater wusste nicht, vor welches Gericht Maurice kommen sollte und was er riskierte.

* * *

Der Volksgerichtshof war 1934 vom Führer geschaffen worden, und es fanden sich immer genügend Richter, welche diese Justizmaschine bedienten. Bis 1945 wurden 5214 Menschen zum Tode verurteilt. «Wir haben nicht die Aufgabe, Recht zu sprechen, sondern die Gegner des Nationalsozialismus zu vernichten», sagte der nationalsozialistische Reichsanwalt Parrisius. Von den Berufsrichtern, welche damals funktionierten, sowie von den sogenannten ehrenamtlichen Beisitzern, ist kei-

ner nach dem Zusammenbruch der Diktatur durch ein Gericht der Bundesrepublik verurteilt worden. Einer, der Beisitzer Hans-Joachim Rehse, beteiligt an 231 Todesurteilen, kam 1968 vor Gericht, wurde aber freigesprochen. Der Richter, welcher ihn freisprach, Egbert Weiss, hat sich einen Namen gemacht mit seinem besonders scharfen Durchgreifen gegen linke Terroristen (Drenkmann-Prozess). Manche von den Volksgerichtshof-Richtern amtierten nach dem Krieg *wieder* als Richter, so z. B. Joachim Wehl in Berlin, Paul Reimers in Ravensburg, Otto Rathmayer in Landshut. Die noch nicht tot sind, beziehen heute Pension (nicht zu knapp).
Rechtsstaat.
Es wäre schwierig gewesen, ihnen den Prozess zu machen.
Die Richter durften nach dem geltenden Recht ihre blutigen Urteile fällen, ohne ein schlechtes Gewissen zu haben. Man konnte damals für eine Lappalie ganz legal in den Tod geschickt werden, etwa wegen eines Gaskochers, den der Arbeiter Paul Oestreich nach einer Bombardierung aus den Trümmern rettete, und der ihm nicht gehörte. Das nannte man Plünderung. Ein Witz über den Führer genügte auch. Oder eine Bemerkung, der Krieg sei verloren und die Aussichten schlecht. Die Gesetze waren halt streng und durften grosszügig interpretiert werden.
Es gab damals keinen Aufstand der Juristen gegen den Volksgerichtshof, obwohl sie alle ihr Jus an den traditionsreichen deutschen Universitäten gelernt hatten.
Neben dem Volksgerichtshof waren noch andere Gerichtshöfe vorhanden, welche sich hervortaten. Dreissig «Sondergerichte» haben, wie Wolfgang Metzner schreibt, zwischen 12000 und 40000 Menschen zum Tode verurteilt. Keine dieser Justizpersonen wurde nach 1945 von der bundesrepublikanischen Justiz behelligt, fünfunddreissig solcher Richter amtierten allein im Berlin der Nachkriegszeit noch weiter. Die Handwerker der Justiz, die Henker, kamen weniger ungeschoren weg als die Kopfarbeiter, manche wurden eingesperrt, andere begingen Selbstmord oder verkrochen sich in ein Altersheim aufs Land und haben die Verfemung zu spüren bekommen, im Gegensatz zu ihren ehemaligen Lieferanten, den Richtern.
Dr. Richard Schmid, pensionierter Generalstaatsanwalt in

Stuttgart, hat den Volksgerichtshof erlebt. Einen Monat nach Maurice Bavaud wurde gegen ihn wegen Vorbereitung zum Hochverrat verhandelt unter dem Präsidium desselben Engert, welcher auch den Fall Bavaud erledigte (2. Senat).
Schmid war in Moabit als Untersuchungshäftling. Eines Tages liess ihn der Direktor kommen und sagte: Ihr Fall ist gar nicht so schlimm, wie ich dachte, ich glaubte zuerst, es handle sich um die Rübe.
Schmid hat den Richter Engert in Erinnerung als kleinen, stämmigen Menschen, von Barett und Talar halb zugedeckt, im Gesicht sei vor allem die Brille aufgefallen. Die Verhandlung fand in einem riesigen Raum statt; Einschüchterung. Vorn zwei Richter im Talar, das waren die juristisch ausgebildeten Justizpersonen. Dazu drei oder vier sogenannte Beisitzer, bewährte NS-Leute in Uniform, ziemlich hoch dekorierte Figuren. Der Verhandlungston höflich, nichts auszusetzen, alles wie bei einem gewöhnlichen Gericht, ausser eben die Uniformen. Kein Herumschreien wie später unter dem Vorsitz von Freisler (1944). Der Verteidiger konnte ungehindert sprechen. Der Reichsanwalt war äusserst korrekt. Engert hatte eine lange juristische Praxis hinter sich, war früher bayerischer Amtsrichter gewesen, dazu alter Kämpfer, und deshalb zum Volksgerichtshof abgeordnet worden. Ein bewährter Jurist. Die härtesten unter den Richtern waren nicht die alten Nazis, sagt Richard Schmid, sondern die Anpasser und übertüchtigen Karrieristen, die mussten immer beweisen, dass sie linientreu waren, und haben deshalb die höchsten Strafen verhängt.
Es wurde niemand gezwungen, Richter am Volksgerichtshof zu werden. Wer die Berufung ablehnte, riskierte höchstens, dass sich seine Beförderung verzögerte oder dass er in den Krieg einrücken musste, sagt Schmid. Wenn einer sich sträubte, insistierten die Behörden nicht lange, man nahm den nächsten, es gab deren genug. Seine Verdienste als Vorsitzer des Volksgerichtshofes haben dem Engert später ein hohes Amt gebracht, er wurde, unter dem Minister Thierack, zuständig für die sogenannte *Vernichtung durch Arbeit*. Die ist so gehandhabt worden, dass besonders selektionierte Häftlinge aus den Gefängnissen weggeschafft und in Steinbrüchen beschäftigt wurden, wo sie bald an Überarbeitung starben. Die amerikanische, nicht die

deutsche Justiz, wollte den Engert nach dem Krieg belangen, aber da war er nicht mehr justiziabel, weil krank.
Ein Richter hackt dem andern keine Auge aus.
Die Richter hätten sich durchaus als rechtsstaatliche Organe gesehen, sagt Schmid. Die Ueberzeugung, dass es nicht die Aufgabe der Richter sei, die Rechtmässigkeit oder gar die Humanität der Gesetze zu prüfen, sei tief verankert gewesen. Gesetz ist Gesetz. Und ein Anschlag auf das Leben des Führers konnte oder musste mit dem Tode bestraft werden, siehe § 5 Nr. 1 der Verordnung des Reichspräsidenten zum Schutz von Volk und Staat vom 28. Februar 1933, RGBl I, S. 83. Die Richter mussten durchaus kein schlechtes Gewissen haben bei einer solchen Verrichtung, die waren mit sich selbst im reinen, und schon bei viel harmloseren Delikten als einem Attentat auf den Führer hiess es: Rübe ab!

***

Der Pflichtverteidiger von Bavaud, Dr. Franz Wallau, war eine Überraschung für das Gericht: Er kämpfte für das Leben des Angeklagten. Wallau plädierte auf Freispruch mit dem Argument, es habe sich nicht um den vollendeten Versuch, sondern nur um eine Vorbereitungshandlung zum Attentat gehandelt. Das ist ihm schlecht bekommen, der Richter Engert beantragte kurz nach der Gerichtsverhandlung, Wallau aus dem sogenannten NS-Rechtswahrerbund und der Anwaltskammer auszuschliessen. Das hätte Berufsverbot bedeutet; um als Anwalt praktizieren zu können, musste man dieser Standesorganisation angehören. In einem ehrengerichtlichen Verfahren wurde Wallau jedoch freigesprochen, zum grossen Ärger des Richers Engert. (Später kam er wegen der Affäre Bavaud einige Zeit in Gestapo-Haft, die er nicht ohne gesundheitliche Schäden überstand.) Wallau glaubte nicht an den geheimnisvollen Mann im Hintergrund, er war überzeugt, dass Bavaud allein vorgegangen war. Mit dem Hinweis auf die Jugend des Angeklagten und auf seine bisherige Unbescholtenheit sowie auf das antideutsche

Klima in der Schweiz, welches Bavaud zu seinem Attentatsversuch veranlasst habe, plädierte er für Milde.
Nicht nur der Verteidiger, auch der psychiatrische Gutachter Prof. Dr. med. Müller-Hess, war eine integre Person. Er attestierte dem Delinquenten volle Zurechnungsfähigkeit, welche auch vom Verteidiger – der alles unternahm, um Bavaud zu retten – nicht im geringsten bestritten wurde. Es war unmöglich, den «geistig regsamen und intelligenten Menschen», wie das Gericht festhielt, anders als normal einzustufen. Müller-Hess hatte im Februar 1939 für die «Ärztliche Sachverständigen-Zeitung» einen Beitrag geschrieben unter dem Titel «Interessante Simulationsfälle mit kurzen Bemerkungen zur Frage der Simulation im Wandel der jüngsten Zeit» und war also nicht schlecht qualifiziert für seine Expertise. Nichts deutet darauf hin, dass er zu Handen des Gerichts ein Gefälligkeits-Attest geschrieben hätte, bzw. die volle Zurechnungsfähigkeit attestierte, damit Bavaud ohne Schwierigkeiten zum Tod verurteilt werden konnte. Nach dem Krieg wurde Müller-Hess an die Freie Universität Berlin berufen, wo er das Institut für forensische Psychiatrie leitete. Seine Nachfolgerin war Frau Professor Nau; sie hat ihn schon während des Dritten Reichs gut gekannt:

> Frau Prof. Nau hat mir mehrfach darüber berichtet, dass Professor Müller-Hess, selbst nicht auf dem Boden des Hitlerregimes stehend, wegen verschiedener abfälliger Äusserungen über die Führungsspitze des 3. Reiches, Schwierigkeiten ausgesetzt gewesen sei, die jedoch seines internationalen Rufes wegen ohne nennenswerte Konsequenzen geblieben wären. (Brief von Prof. Dr. Detlef Cabanis, FU Berlin, an Villi Hermann; 16. 9. 79.)

Für solche abfälligen Äusserungen wurde man damals ohne weiteres geköpft, wenn man nicht ein berühmter Mann war.
Müller-Hess ist 1960 gestorben, und die Expertise, welche er über Bavaud geschrieben hat, bleibt verschollen. Man muss annehmen, dass es sich um eine gründliche Arbeit handelt, der Professor war als sehr penibler Wissenschaftler bekannt. Bei seinem Tod hiess es im Nachruf der Freien Universität Berlin: «1930 folgte Müller-Hess dem Ruf auf den Lehrstuhl

seines Faches an der Friedrich-Wilhelm-Universität in Berlin. In diesem Zeitraum entstanden Untersuchungen, die sich mit der seelischen Entwicklung des Kindes, mit der Dauer der Invalidität bei psychischen Erkrankungen sowie der Behandlung und Erziehung von geistig abnormen Jugendlichen befassten. Sein besonderes Interesse galt aber der wissenschaftlichen Erforschung der Glaubwürdigkeit von Aussagen jugendlicher Zeugen in Prozessen, mit der er sich seit dem Jahre 1911 beschäftigte.»

* * *

Als das Gericht den Professor Müller-Hess zum Gutachter in Sachen Bavaud bestellte, musste es damit rechnen, dass die Schweizer-Gesandtschaft Akteneinsicht verlangen würde. Niemand konnte damals schon annehmen, dass sich der schweizerische Gesandte vollkommen um seinen gefangenen Landsmann foutieren würde. Es wäre also nicht klug gewesen, einen politisch unterwürfigen, regimehörigen, schludrigen Gutachter anzustellen. Der hätte sich blamiert, und dazu das Gericht, sobald die Gesandtschaft eine Gegenexpertise verlangt hätte.
Es gibt keinen Grund, am guten Glauben und an der Gründlichkeit von Müller-Hess zu zweifeln.

* * *

Am 18. Dezember sassen sie also im Vollwichs zu Gericht, der Vorsitzer Engert, der Volksgerichtsrat Dr. Albrecht, SS-Brigadeführer Oberst der Schutzpolizei von Grolman, Reichsamtsleiter Berkenkamp, Oberregierungsrat Dr. Taubert, Reichsanwalt Weyersberg und als Urkundsbeamter der Geschäftsstelle Justizsekretär Koenitz. Taubert vertrat den Oberreichsanwalt Ernst Lautz, der später in der Bundesrepublik Pension bezog. Taubert seinerseits, Beamter im gleichen Ministerium wie Ba-

vauds Onkel Gutterer, Drehbuchverfasser des bekannten, im Dritten Reich beliebten Filmes «Der ewige Jude», hat später unter Adenauer seine Karriere fortgesetzt als geschätzter Mitarbeiter im Ministerium für gesamtdeutsche Angelegenheiten, und auf Vereinsebene als renommierter Vortragsredner des «Volksbundes für Frieden und Freiheit» (Eingeschriebener Verein).
Einmal Beamter, immer Beamter. 1955 musste er zwar im Ministerium zurücktreten, aber die Vereinstätigkeit hat er weiter führen können. Für seine Todesurteile hat er sich nie vor einem Gericht der Bundesrepublik verantworten müssen. Heute ist er tot, wie auch die andern sechs vom Gericht. Wir hätten sie gern bei Lebzeiten aufgesucht und einige Fragen gestellt.

Volksgerichtshof. Stehend Oberreichsanwalt Lautz, der Anklagevertreter in den Prozessen Bavaud und Gerbohay. Rechts der Präsident des Volksgerichtshofes, Freisler

Bavaud wurde gefesselt aus Moabit zum Gerichtsgebäude geführt. Im Gang vor dem Gerichtssaal sassen einige von den Leuten, die er während seiner Deutschland-Reise kennengelernt hatte; die warteten hier, bis sie als Zeugen aufgerufen wurden. Ehrenspeck und Reuther waren auch aufgeboten, und dieser erinnert sich, dass ein paar auffällig gutgekleidete Personen auf der Bank sassen, vermutlich Ministerialdirektor Gutterer und seine elegante Frau, welche seinerzeit nach Baden-Baden geschickt worden war, um ihre Schwiegereltern zu warnen. Im Gerichtssaal seien unter dem Publikum recht viele Uniformen zu sehen gewesen, Würdenträger der Partei, sagt Reuther. Zeitungsberichte über die Verhandlung gibt es nicht, die Journalisten waren ausgesperrt, wir sind wieder einmal auf deutsche Akten angewiesen:

> In der Hauptverhandlung hat der Angeklagte alle diese Mystifikationen fallengelassen und im Gegensatz zu seinen bisherigen Einlassungen eingeräumt, dass er den fraglichen Schutzzettel selbst angefertigt habe und dass der fragliche Auftraggeber überhaupt nicht existiere, dass er, der Angeklagte, vielmehr den verbrecherischen Plan, den deutschen Führer zu töten, allein aus sich selbst heraus gefasst habe. Nach den Beweggründen seiner Tat gefragt, hat der Angeklagte in der Hauptverhandlung angegeben, auf Grund dessen, was er in fast der gesamten schweizerischen Presse gelesen und was er weiter von aus Deutschland emigrierten Angehörigen von katholischen Orden erzählt bekommen habe, halte er die Persönlichkeit des deutschen Führers und Reichskanzlers für eine Gefahr für die Menschheit, vor allem auch für die Schweiz, deren Unabhängigkeit er bedrohe. Vor allem aber seien kirchliche Gründe für seine Tat bestimmend gewesen, denn in Deutschland würden die katholischen Organisationen unterdrückt, und er habe daher geglaubt, mit seiner geplanten Tat der Menschheit und der gesamten Christenheit einen Dienst zu erweisen. Sein Vorhaben hätte also auch in seiner inneren Berufung zum Missionar gelegen. Allerdings hätte er – so erklärte er in seinem Schlusswort – seine Rolle selbst übertrieben und er bereue jetzt seine Tat.

Das nützte ihm nichts mehr, denn:
> Der Angeklagte hat es unternommen, dem deutschen Volk seinen Retter zu nehmen, jenen Mann, dem 80 Millionen deutscher Herzen in unendlicher Liebe, Verehrung und Dankbarkeit entgegenschlagen und dessen Stärke und

feste Führung ihm heute mehr denn je nötig ist, und dies alles ohne die entfernteste auch nur moralische Berechtigung, lediglich in seinem religiös-politischen Fanatismus. Einem solchen Gangstertum des politischen Katholizismus nur mit der höchsten Strafe, der Todesstrafe, zu begegnen, erschien dem Senat als eine Selbstverständlichkeit.

Verfahrenskosten zu Lasten des Angeklagten.

Zur Urteilsverkündigung hatten sich alle erhoben. Die Richter bedeckten zu diesem Zweck ihre Köpfe, die Zivilrichter mit dem Barett, die Uniformierten mit dem Käppi, und Engert verkündete das Resultat: Im Namen des Deutschen Volkes. Es war feierlich.

Was die Richter nach so einem Urteil jeweils machten, ist nicht überliefert. Vielleicht mit der Sekretärin poussieren, oder ein Bier trinken, oder ins Kino, oder im Kreise der Familie den Abend verbringen, mit den Kindern spielen.

Bavaud wurde abgeführt und sofort von Moabit in das Gefängnis Plötzensee (Berlin-Charlottenburg) verbracht. Von der schweizerischen Gesandtschaft war niemand am Prozess gewesen.

Königsdamm 7, Berlin-Charlottenburg

«Über das Wochenende wird der Besuch nicht möglich sein, wir haben ohnehin gegenwärtig eine verdünnte Personaldekke», sagte Herr Kähne vom Berliner Senat für Justiz, «aber sonst steht Ihrem Wunsch nichts entgegen.» Im Gefängnis von Berlin-Plötzensee, heute Jugendstrafanstalt, gibt es nichts mehr zu verbergen. Wir konnten, begleitet von einem Gefängniswärter, überall filmen; allerdings nur bei dicker Personaldecke und wenn keine Gefangenen zu sehen waren.
Etwas ausserhalb befindet sich ein niederes, längliches Gebäude, das wurde nach dem Krieg vom Gefängnisareal abgetrennt und allgemein zugänglich gemacht. Ein schmuckloser Raum mit Rundbogenfenster, im Boden ein kleines Abflussloch, an der linken Wand einige Plättchen, wo sich früher das Lavabo befunden hat. Dort konnte sich das Vollzugspersonal jeweils die Hände waschen, nachher. Ein Eisenbalken mit Haken ist auch zu sehen. Daran wurden, als die Guillotine, welche die Deutschen Fallbeilgerät nannten, durch Bomben beschädigt worden war, die Verurteilten aufgehängt. Hängen macht weniger schmutzig als Köpfen, wo Spritzer befürchtet werden müssen. Für das Waschen der Berufskleidung konnten Spesen verrechnet werden.
Der Hinrichtungsschuppen ist heute eine Gedenkstätte. Läuten am Gefängnistor, automatische Oeffnung, Eintritt in die Schleuse. Hinter Panzerglas die Beamten, mündlicher Verkehr über Gegensprechanlage. Innen am Gefängnistor der grosse, überall in Deutschland verbreitete, in allen Amtsstellen ausgehängte Terroristensteckbrief. Passkontrolle, eingehende Musterung. Ein Beamter mit grossem Schlüsselbund eskortiert uns. Die zweite Tür geht auf, hinter uns wieder zu. Rasen und Bäume, eine neugotische Backsteinkirche, friedlich ist es hier innerhalb der Mauer. Die verschiedenen Gefängnisbauten sehen noch aus wie damals. Nur das Haus III, wo die Todeskandidaten untergebracht waren, etwa 400 jeweils, steht nicht

mehr, es ist von Bomben beschädigt und später von den Russen, welche Plötzensee befreiten, gesprengt worden. Herr A. begleitet uns. Er war während des Krieges in Plötzensee inhaftiert und kommt jetzt zum ersten Mal seit 1945 an diesen Ort zurück. Er wird schweigsam, als wir uns einem der roten Gefängnisgebäude nähern. Plötzlich macht er einen Sprung nach rechts, vom Weg in den Rasen hinaus und bedeckt sein Gesicht mit den Armen, wie von einem elektrischen Schlag getroffen. (Herr A. ist kein theatralischer Mensch.)
Der Wärter schliesst eine Bunkerzelle auf. Die ist leer, den verschärften Arrest gibt es nicht mehr, sagt er, hier könnt ihr filmen. Die Wände sind mit Inschriften aus der neuesten Zeit bedeckt –

I knock you down at the Kellertreppe
then you never come back to the Tageslicht

Bin von der Drogenstadsion hir auf dieser Zelle 13 gekommen. Ich habe meine Zelle kabutkelopt und habe mich mit ein Beamden geschlagen. Ich habe 18 Monade Knast bekommen wegen Heroin und Reuvervieher Erbressung und mit Körberverletzung ich habe 6 Monate hinter mir.

Lass mich an deine Brüste rasten
wie eine Kuh am Futterkasten

Macht kaputt was euch kaputt macht
zerstört das Kapitalistenregieme
den es zerstört uns sonst
Geld und Macht regiert hier jetzt in Deutschland u. USA
bei uns regiert das Volk. Jork Krell

Lasset uns das wir leben können. 10. 4. 79. Mustafa

Knast im Knast ist Mord auf Raten

öldür ün
vurun
asin
birakinda
Yasayalim
Yasa sin
osmanli derri!

Der jüngste Insasse von Plötzensee ist heute 16 Jahre alt, Sohn eines türkischen Gastarbeiters. Auch einer von den bekannten Terroristen wurde hier eingesperrt.
Herr A. setzt sich und erzählt, was er damals gesehen hat. Er wünscht, dass wir seinen Namen nicht nennen, seit der Fernsehausstrahlung von Holocaust ist er eingeschüchtert. Er hat damals ein Gedicht über Auschwitz verfasst, drucken lassen und in Berlin an verschiedenen Orten aufgeklebt, mit seinem Namen. Seit dieser Zeit wird er am Telefon hin und wieder begrüsst von anonymen Stimmen: Dich hätte man auch vergasen sollen! (Oder so ähnlich). Er sagt, dass er damals in diesen Mauern vieles sozusagen fotografiert habe mit seinem Gedächtnis, was er gewissermassen erst jetzt belichten könne.

* * *

Der Gefängnispfarrer hatte ihn nach der Einlieferung gefragt, ob er mit Rasierzeug umgehen könne. Herr A. bejahte. Es wurde ihm nun die Aufgabe übertragen, die Gefangenen vor der Hinrichtung zu rasieren. Die Gefängnisverwaltung legte Wert auf Hygiene, nicht nur Rasieren, auch Waschen war obligatorisch, periodisch wurden kleine Seifen-Stückchen ausgegeben. Beim Rasieren hat A. von den Todeskandidaten oft ein Stück Papier, welches diese im Mund aufbewahrt hatten, zugesteckt erhalten, letzte Grüsse für die Angehörigen. Der Abschiedsbrief, welchen die Gefangenen schreiben durften, ging wie alle Post durch die Zensur, deshalb wurde versucht, den Hinterbliebenen eine unkontrollierte Botschaft zu schicken.
A. hat gesehen, wie sie zur Hinrichtung geführt wurden. Zwei Justizwachtmeister schlossen jeweils die Zelle auf, fragten: «Sind Sie fertig?», nahmen den Gefangenen in die Mitte und führten ihn zum Hinrichtungsschuppen. Keiner habe geschrien, sie seien mit hängenden Schultern davongegangen. In den ersten Kriegsjahren kamen sie vor der Hinrichtung noch in die Hinrichtungszelle, wo der Abschiedsbrief geschrieben wurde. Später ging es direkt zum Schuppen. Die sogenannte Armesünderglocke, welche anfangs noch für jeden Todeskandidaten

richtig geläutet wurde, hat später nur noch kurz angeschlagen. Sie hätte den ganzen Tag läuten müssen, so zahlreich waren manchmal die Hinrichtungen. Das Glockenzeichen wurde jeweils auf ein vom Hinrichtungsschuppen ausgehendes Lichtsignal hin betätigt, dann konnte sich der nächste fertigmachen. Der Nacken war ausrasiert, die Hände wurden auf dem Rücken gefesselt, der Oberkörper entblösst, die Jacke über die Schultern gelegt, für die Füsse gab es Holzpantinen.
Das bedeutete weniger Arbeit für das Vollzugspersonal als normale Schuhe, weil die Holzpantinen durch die Todeszuckung der Beine, wenn das Fallbeil heruntergekommen war, weggeschleudert wurden und keine Schuhe mehr von den Füssen entfernt werden mussten.
Ein Angestellter habe dann die Leichen mit einem Schubkarren zur Seite geschafft.
Und ein Gefangener musste die Rümpfe mit Pech abdichten, damit das Blut nicht ganz auslief und den Boden verschmutzte. Er musste auch dafür besorgt sein, dass immer der richtige Kopf zum entsprechenden Rumpf in den Lattensarg gelegt

Eine Zelle im Gefängnis Plötzensee. Rechts A., der ehemalige Gefängnis-Coiffeur, welcher Roger Jendly und Villi Herrmann die Zustände von damals erklärt

wurde, man war auch hier auf Ordentlichkeit bedacht, und musste deshalb je die gleiche Nummer auf Kopf und Rumpf gemalt werden.

Die Todeskandidaten waren Tag und Nacht gefesselt. Die Fusskette erlaubte ihnen ca. einen Meter Bewegungsfreiheit, die Handfessel war etwa 20 cm lang. Während des Auslaufs, wie man den täglichen Hofgang nannte, mussten zwanzig Meter Abstand vom Vordermann eingehalten werden. Die Isolation war vollkommen, mit den Wärtern gab es kaum Sprechkontakt, nur der Besuch des Gefängnisgeistlichen brachte ein wenig Abwechslung. Der Anwalt kam jetzt nicht mehr, wozu auch. Eine Berufungsinstanz gab es beim Volksgerichtshof nicht, und dass Bavauds Begnadigungsgesuch vom Führer abgelehnt würde, war selbstverständlich; um das mitzuteilen, brauchte es keinen Anwaltsbesuch.

Die Gefangenen in Haus III, dem sogenannten Totenhaus, sind viele Tode gestorben, sagt A. Wenn sie Schritte hörten im Gang, konnte es jedem von ihnen gelten. Die Nachbarn, welche zur Hinrichtung geführt wurden, kannte man nicht, man hörte nur ihre Stimmen. Dann war es eine zeitlang ruhig in der Nebenzelle, bis ein Neuer kam. In Haus III blieb das Licht in den Zellen die ganze Nacht brennen, man wollte die Uebersicht haben.

Selbstmorde seien kaum vorgekommen, sagt A. Vielleicht waren die meisten zu apathisch, oder sie hatten keine Möglichkeit. Manchmal hörte man ein Lied in den Gängen. Das waren die Zeugen Jehovas, welche singend zum Hinrichtungsschuppen gingen. Kriegsdienstverweigerer. Der Tagesablauf war ordentlich geregelt. Aufstehen um 5 Uhr, Kübel leeren, Pritsche in Ordnung bringen, ein Stück Brot und etwas kaffeeähnliche Flüssigkeit zum Morgenessen. Um zwölf Uhr Mittagessen, meist verkochte Rüben oder Kartoffeln, manchmal auch nur Kartoffelschalen in warmem Wasser. Um 20 Uhr begann die Nachtruhe, bzw. die unruhige Erwartung des nächsten Tages. Bücher waren der einzige Trost. Wenn sie dann aus ihrer Büchertraumwelt erwachten, sagt A., hatten sie oft Schreikrämpfe. Manchmal kann A. nicht weiterreden, die Erinnerung schüttelt ihn. In Plötzensee sind etwa 6000 Menschen geköpft worden.

1940. Die Hinrichtung war auf Mitte Januar angesetzt. Maurice schrieb den Abschiedsbrief an seine Familie, beichtete, kommunizierte, erhielt die letzte Ölung und hatte mit dem Leben abgeschlossen. Zwei Uhr, drei Uhr, vier Uhr; um sechs Uhr wurde normalerweise geköpft. Da stockte die Vernichtungsmaschine im letzten Moment.
Die Gefängnisverwaltung hatte den Abschiedsbrief von Maurice analysiert und Hinweise gefunden, welche sie interessant dünkten. Vielleicht war die Hinrichtung nur anberaumt worden, um Maurice zum Verfassen eines Briefes zu veranlassen, der neue Enthüllungen über das Attentat bringen sollte; wenn einer stirbt, hat er nichts mehr zu verbergen (dachten die Behörden). Maurice wurde, anstatt zum Hinrichtungsschuppen, in seine Zelle zurückbegleitet.
Mitte Februar fanden neue Vernehmungen statt. Der Delinquent kam jetzt auf seine frühere Version zurück: Die Schutzerklärung stamme nicht von ihm, er sei zum Attentat angestiftet worden und habe alles seinem Freund Gerbohay zuliebe getan, welcher sich als Neffe des Zaren ausgegeben und ihm unbeschränkten Schutz versprochen habe.
Auf Grund dieser Angaben fahndete die deutsche Polizei fünf Monate später – Frankreich hatte den Krieg verloren, die Bretagne war besetzt, man konnte sich dort aufführen wie zu Hause – in Saint-Ilan und anderen Filialen der Kongregation vom Heiligen Geist, und auch im Schloss von la Touche-Milon. Gerbohay war verschwunden, er hatte sich in die freie Zone abgesetzt (Vichy-Frankreich), später nach Algerien. Er glaubte jetzt nicht mehr vom Bruder des Zaren, sondern von de Gaulle abzustammen. Dann hielt er es nicht mehr aus in der Fremde, kehrte zur Mutter zurück und wurde in der Nacht des 1. Januar 1942 beim kleinen Dienstbotenhaus hinter dem Schloss verhaftet, nach Rennes in das Gefängnis verbracht, von dort nach Paris, später in das Konzentrationslager Sachsenhausen, dann nach Moabit und Plötzensee. Sein Freund Maurice war damals schon tot.
Im Sterbebuch des Zivilstandsamtes Berlin-Charlottenburg steht, Gerbohay sei am 9. April 1943 «verstorben». Als Todesursache ist eingetragen: Enthauptung. In der Anklageschrift steht, der Angeschuldigte habe im Jahre 1938 aus Hass

gegen den Führer seinen Freund, den technischen Zeichner Maurice Bavaud, dazu bestimmt, den Führer zu töten.

* * *

Wann sagt man die Wahrheit? Vor Gericht hatte Bavaud erklärt, allein gehandelt zu haben. Nach vier Wochen Totenhaus (in welchem Zustand hat er sich befunden?) schiebt er die Verantwortung auf Gerbohay ab. Wer den unmittelbar bevorstehenden Tod als etwas Feierliches betrachtet, wird annehmen, dass der Todeskandidat im *letzten Moment* die Wahrheit sagt – man geht nicht in die Ewigkeit hinüber mit einer Lüge; man will sich befreien. Wer den Tod als etwas Grauenhaftes betrachtet, dem man um jeden Preis entrinnen will, wird annehmen, dass ein Verzweifelter phantasieren oder lügen kann, weil er vor Angst fast den Verstand verloren hat und sich an den letzten Strohhalm klammert. Bavaud konnte im Februar 1940, als er seinen Freund mit dieser Aussage belastete, nicht wissen, dass die Deutschen so bald schon die Möglichkeit haben würden, Gerbohay zu verhaften. In seiner Todesangst ist ihm, so darf man vermuten, die Geschichte mit der angeblichen Zaren-Abstammung in den Sinn gekommen; er konnte sich so als Opfer darstellen, als hilfloses, unschuldiges Instrument. Die Geschichte brauchte er nicht mal zu erfinden, Gerbohay hatte sich doch tatsächlich für den Thronfolger gehalten. Zu erfinden brauchte er nur, dass er, Bavaud, daran geglaubt hatte und dass Marcel der grosse Drahtzieher gewesen war. Damit konnte vielleicht der Tod hinausgezögert werden, mag er sich gedacht haben. Seiner Familie gegenüber hatte er ein schlechtes Gewissen, er war ausgebrochen und hatte etwas getan, was sein Vater verabscheute. Wenn er nun im Abschiedsbrief Andeutungen machte, er sei nicht selbst verantwortlich für seine Taten, so war er mit seinen Eltern wieder im reinen: Nicht er, sondern Marcel war schuld.
Maurice hat dank dieser Lüge weiter gelebt, wenn man die Aufbewahrung im Totenhaus leben nennen kann. Am 5. April 1940 hat er einen Brief nach Hause geschrieben, der in Neuchâtel an-

gekommen ist (den Abschiedsbrief hatte die Gefängnisverwaltung konfisziert). Die Familie wusste zu diesem Zeitpunkt noch nichts von Gerichtsverhandlung und Todesurteil; der Gesandte Frölicher hatte beschlossen, sie nicht zu informieren. Zu Hause wähnte man Maurice immer noch in Untersuchungshaft. Jetzt kam dieser Brief:

> Meine Lieben, das ist der siebte Brief, den ich Euch seit dem 18. Dezember schreibe, alle andern sind nicht abgeschickt worden wegen ihrem Inhalt. Ich habe Euren Brief vom 20. Februar erhalten und danke dafür, ich verstehe Eure Sorge, die nur allzu begründet ist, leider! Ich bin zum Tode verurteilt worden, weshalb, kann ich Euch nicht schreiben. Ich wurde folglich in das Gefängnis von Plötzensee verbracht, wo sich die Guillotine befindet. Die Hinrichtung kann von einem Tag auf den andern stattfinden, aber sie kann auch aufgeschoben werden. Ihr seht also, dass mein Leben nicht mehr viel wert ist. Ach, wenn ich doch in Saint-Ilan geblieben wäre, im Dienst des Herrn, wenn ich nicht den Schöpfer dem Geschöpf zuliebe, das Ewige dem Vergänglichen, das Licht der Finsternis zuliebe verlassen hätte, dann wäre ich nicht hier. Wenn ich am 18. Dezember hätte sterben müssen, so weiss ich nicht, ob meine letzten Worte gewesen wären «Verflucht!» oder «Ich lege meine Seele in die Hände Gottes». Ja, ich hatte zu zweifeln begonnen, und das Grab war für mich nur noch das Nichts, die fürchterliche Leere, von der Pascal spricht. Der Mensch stirbt allein, darüber sollte man meditieren. Als ich mich wirklich verlassen fühlte am Rande dieses Abgrunds, habe ich deshalb verzweifelt zurückgeblickt nach der Religion. Aber die Rückkehr zum Evangelium war schwierig; man wendet sich nicht ungestraft auf diese leichtfertige Art davon ab, wie ich es seit mehr als einem Jahr gemacht habe. Da habe ich Gottes Hand gespürt; um mich zu bestrafen, verdeckte er das Licht, welches den Gerechten erleuchtet. Schliesslich, weil ich eher aus Schwachheit und Leidenschaft gefehlt habe, und nicht aus böswilligem Stolz, habe ich den Sieg davongetragen, denn Gott ist vor allem die Güte und Barmherzigkeit in

Person. Aber trotzdem ist es nicht weniger hart, für derart irdische Motive sterben zu müssen, während ich vorher mein Leben nach den Regeln von Jesus Christus ausgerichtet hatte. Deshalb habe ich das Gelübde abgelegt, dass ich in die Kongregation vom Heiligen Geist zurückkehren werde, wenn ich durch irgendwelche ausserordentliche Umstände davonkommen sollte. Zu den armseligen Völkerschaften Afrikas, zu den ärmsten, den verlassensten unter ihnen werde ich meine Schritte lenken. Ich bin total degoutiert von der Politik, von der Macht. Wie glücklich sind doch die Armen im Geiste, die Demütigen, welche nie etwas anderes gekannt haben. Erinnerst Du Dich, Hélène, an die Geschichte von Sainte Germaine Lousin, «Die Hirtin im Land der Wölfe»? Hier ist das Ideal! Es fehlt mir vorläufig nicht an Büchern. Ich habe einen Teil der Werke von Lamartine gelesen, aber ich kann Euch gar nicht sagen, wie mir die Romantiker jetzt missfallen und ihre schale Christlichkeit, mit welcher sie ihren Unglauben drapieren. Gestern hat man mir eine Bibel gebracht, das ist eine grosse Beruhigung, obwohl es sich um eine hugenottische Übersetzung handelt. Gesundheitlich geht es mir nicht allzu schlecht, obwohl der Winter sehr hart gewesen ist. Momentan habe ich ein wenig Bronchitis. Meine Moral ist gut, Gott sei Dank. Da mein Fall vielleicht juristische Folgen haben wird, gebe ich Euch hier die Adresse meines Anwalts: Franz Wallau, Landgrafenstrasse 10, Berlin. Schreibt mir, bitte, so schnell und so lang ihr könnt, schickt mir auch ein schönes Bild vom Gekreuzigten und von der Mutter Gottes. Ich brauche Trost. Ich umarme Euch zärtlich; Euch, für die ich nicht genug Zuneigung gehabt habe. Maurice.

Nur die Linien benützen! Ränder nicht beschreiben! steht auf dem Brief-Formular gedruckt.
Maurice war in der Todesangst zurückgekommen vom Rand seiner Attentäter-Existenz, zurück in die väterliche Welt des Katholizismus. Er sah sich mit den Augen des Vaters. Unter dem Druck der täglich drohenden Vernichtung verwünschte er jetzt den Akt seiner Auflehnung. Seit einiger Zeit hatte er die

Religion nicht mehr wie früher praktiziert, das war den Schwestern in Neuchâtel während der letzten Ferien aufgefallen, auch die Gutterers in Baden-Baden hatten es übel vermerkt, dass er sonntags nicht zur Kirche gegangen war. Während seiner Deutschland-Reise hat er sich immer als technischen Zeichner, nie als Theologiestudenten ausgegeben. Der Eifer, mit welchem er früher die Religion praktizierte, war auf den Tötungswillen übertragen worden. Den Diktator umzubringen bedeutete für ihn eine neue Berufung. Eine Religion schliesst die andere aus. Nun bereute er alles und kam zurück in die alten Bindungen. Versöhnung mit Vater und Gott-Vater.

* * *

In Plötzensee ging alles weiter seinen gewohnten Gang. Arbeit gab es für die Gefangenen in Haus III nicht, sie konnten nur lesen und auf den Tod warten. Der Vorrat an französischen Büchern aus der Gefängnisbibliothek war bald einmal erschöpft. Maurice wollte kein Deutsch lernen, wie es der Vater in einem Brief vorgeschlagen hatte, die Abneigung war unüberwindlich: seine Richter, Wärter und Henker sprachen Deutsch.
In der Bibliothek war damals der Gefangene Victor von Gostomski beschäftigt. Eines Tages, sagt Gostomski, sei ein unauffälliger, elegant gekleideter, äusserlich nicht unsympathischer, schmächtig wirkender Mann mit Ledermantel in die Bibliothek gekommen, habe ein Buch verlangt und sich vorgestellt: Mein Name ist Röttger, ich bin der Scharfrichter, und wie heissen Sie?
Beim Namen Gostomski habe Röttger aufgehorcht und gesagt: Das kommt mir bekannt vor, worauf Gostomski erwiderte: Das ist verständlich, Sie haben meinen Bruder hingerichtet.
Röttger hatte drei Knechte. Er selbst musste nur mit einem Knopf das Fallbeil auslösen, den Rest besorgten die Untergebenen. Der Verurteilte wurde im Hinrichtungsschuppen von den Knechten in Empfang genommen, der Jacke entledigt, auf das Brett geworfen und festgehalten. Diejenige Person, welche den Kopf festhielt, nannte man den Kopfknecht. Die Henker waren pro Kopf bezahlt.

Gostomski sagt, den Frauen sei vor der Hinrichtung mit einem Tuch der Mund verbunden worden.
Gostomski hat das Buch, in welchem die Hinrichtungen notiert wurden, vor der Vernichtung gerettet, es wird jetzt in der bischöflichen Kanzlei von Regensburg aufbewahrt.
Er blättert darin, bis der Name Gerbohay zum Vorschein kommt.
Gostomski hat viele Verurteilte zur Hinrichtung gehen sehen. Er lehnt die Todesstrafe nicht unbedingt ab. Terroristen haben keine Daseinsberechtigung, sagt er. Die progressiven, das heisst die asozialen Elemente, welche man in jedem Land antreffe, seien nicht mehr zu bekehren.
Wir haben lange mit ihm gesprochen (in Regensburg). Er ist heute Verleger und gibt eine Zeitung heraus, «Neuer Tag» in Weiden/Oberpfalz.

* * *

Die Geschwister Vilma und Annie H., 80 und 87 Jahre alt, leben zurückgezogen in Berlin. Es ist schwer, mit ihnen Kontakt aufzunehmen, sie wollen nicht an die Öffentlichkeit treten. Und gegen die Schweizer haben sie eine ausgeprägte Antipathie. Schliesslich kommt es durch Vermittlung von Frau W. doch noch zu einem Gespräch.
Die Geschwister H. waren seit Beginn des Dritten Reichs im Widerstand. Vilma hat versucht, Juden und andere Verfolgte über die Grenze zu bringen, nach Dänemark, Schweden oder in die Schweiz. Beim Deutschen Zoll in Lörrach sei sie immer durchgekommen, denen sei es lange Zeit gleichgültig oder sogar recht gewesen, dass die Juden aus Deutschland verschwanden; aber von der Schweizerischen Grenzwache seien die Flüchtlinge immer, ohne Ausnahme, abgewiesen, das heisst nach Deutschland zurück in den Tod geschickt worden.
Seither hat sie sich vorgenommen, nie mehr mit Schweizern zu verkehren. Die dänischen und schwedischen Behörden seien aber auch nicht besser gewesen, müsse sie betonen. Annie hat sich eines Tages gefragt, wo sie dem Widerstand am nützlich-

sten sein könne, und ist zum Schluss gekommen: in Plötzensee. Sie hat eine Stelle angenommen in der Gefängnisverwaltung (Ökonomie) und war einige Jahre für das Essen zuständig. Die beiden Schwestern haben Zettel für die Häftlinge hinein- und hinausgeschmuggelt, Nachrichten über den Kriegsverlauf im Gefängnis verbreitet, den Kontakt mit Angehörigen aufrechterhalten.
Es gibt einen Brief vom Gefängnispfarrer Buchholz: die Geschwister H. hätten oft ihr Leben riskiert für die Gefangenen. Was Annie hinausschmuggelte, wurde von Vilma, die gute Beziehungen in den Ministerien hatte, weitergeleitet.
Sie schmuggelten den Gefangenen Extra-Rationen in das Haus III. Das nützte nichts, sagt Annie, auch wenn man ihnen alles Mögliche brachte, sie sind immer brandmager geblieben. Die Todesangst hat sie so geschlaucht, dass sie spindeldürr geblieben sind, viel dünner als die andern Gefangenen mit Freiheitsstrafen.
Es war, als ob der Tod ihnen alles wegfrässe.
Zweimal in der Woche war Richttag, dann kam meistens Röttger, den man sich als kleinen, fast zierlichen Mann vorstellen müsse. Er kam in Zivil und zog sich im Hinrichtungsschuppen um. Einmal wollte er Annie H. die Hand schütteln. Sie habe ihm nicht mal die *linke* Hand gegeben, obwohl er ein ausnehmend höflicher Mann gewesen sei.
An den Werkmeister R. erinnert sie sich auch. Der hat die Ersatzklinge für die Guillotine verwahrt. Die andere Klinge wurde nach jedem Schnitt geputzt, so dass kein Blut mehr daran war, wenn der Nächste an die Reihe kam. Dafür gab es einen Putz-Knecht. Die Leichen kamen in die Anatomie oder auf den Friedhof von Döberitz in ein Massengrab. In ganz wenigen Fällen wurde den Angehörigen gestattet, die Leiche in Empfang zu nehmen. Das geschah nachts, die Bestattung erfolgte dann unter polizeilicher Bewachung. Professor Dr. H. Stieve vom Anatomischen Institut Berlin schrieb 1943 dem Ersten Staatsanwalt einen Brief:

> Das Anatomische und Anatomisch-biologische Institut ist weiterin bereit, die Leichen von Hingerichteten, die zu wissenschaftlichen und Forschungszwecken zur Verfü-

gung gestellt werden, abzuholen und zu verbrennen. Da jedoch der Bedarf an Leichen im Institut durch die jetzigen Zugänge weit überschritten wird, ist es in Zukunft nur noch möglich, Leichen von Hingerichteten abzuholen, wenn folgende Bedingungen eingehalten werden:
Durch das Abholen der Leichen dürfen dem Anatomischen Institut keinerlei besondere Kosten entstehen. Für jede Leiche wird ein Sarg aus einfachen Brettern benötigt. Diese Särge kosten, wenn sie vom Tischler bezogen werden, 11.75 RM, wenn sie von der Strafanstalt Plötzensee bezogen werden, 17.— RM. Ich bitte zu veranlassen, dass für jede Leiche eines Hingerichteten von der Strafanstalt Plötzensee kostenlos ein einfacher Kistensarg zur Verfügung gestellt wird.

Nachdem dieses Problem zur allseitigen Zufriedenheit der Amtsstellen gelöst war, hat Dr. H. Stieve am 15. 4. 43 noch auf einen andern Punkt hingewiesen:

> Dank Ihrem so liebenswürdigen Eingreifen können jetzt die Leichen der Hingerichteten ja ohne jede Schwierigkeit hierhergeholt und später beseitigt werden. Nunmehr stellt sich aber ein recht erheblicher Benzinmangel ein.

Nicht alle Köpfe wurden von den Studenten sofort zum Sezieren gebraucht. 1946 sah der Engländer Sefton Delmer in dem säuerlich riechenden Halbdunkel des Krankenhauskellers der Charité zwei weissgetünchte, mit Salzlauge gefüllte Kübel. Darin war eine Sammlung von Menschenköpfen, die auftauchten und wieder untergingen, wenn der Wärter sie umrührte, wie Äpfel in einem Wassereimer. Auch 1946 wurden mit den Köpfen aus Plötzensee noch Sezierübungen gemacht. Niemand von den Studenten und Professoren habe sich daran gestossen, schreibt Delmer.

* * *

Die Geschwister H. sagen, dass man ihnen noch heute ihre illegale Tätigkeit übelnehme. Sie haben nie eine staatliche Ehrung

erhalten für ihren Widerstand, und privat werden sie oft angefeindet. Nach dem Krieg sind sie von ehemaligen Plötzensee-Beamten, die im Laufe der Entnazifizierung einen neuen Leumund brauchten, angegangen worden. Sie haben es abgelehnt, den Kollegen, welche damals schön in Reih und Glied marschiert waren, eine Nazifeindlichkeit zu bescheinigen, welche es nicht gab. Das ist ihnen angekreidet worden. Viele Leute in ihrem Bekanntenkreis können heute noch nicht begreifen, sagt Annie H., dass der Widerstand, d. h. die Illegalität, eine Bürgerpflicht gewesen sei, und fänden, es sei doch alles mit rechten Dingen und gesetzmässig zugegangen.
Die Geschwister H. leben heute isoliert.

* * *

Siebzehn Monate Isolationshaft in Haus III. Jeden Tag musste Maurice sich neu auf den Tod vorbereiten. Wenn der Abend vorbeiging, ohne dass man ihm die bevorstehende Hinrichtung ankündigte, war wieder ein Tag gewonnen. Dann konnte er wieder auf den nächsten Abend warten.

In der Nacht vom 12. Mai 1941 hat er einen Brief geschrieben.

> Lieber Vater, liebe Mutter,
> ich las den Beweis von Descartes für die Existenz der Seele, es war acht Uhr, als man mir ankündigte, dass diese Nacht die letzte sein werde, die ich hier unten verbringe. Ich war weit davon entfernt, auf diesen Schlag gefasst zu sein, aber ich habe eine Kaltblütigkeit bewahrt, welche mir Hoffnung gibt bis um sechs Uhr, bis zum Moment, wo mein Kopf fallen wird. Das ist ein furchtbarer Moment, der unerträglich wäre, ohne die Hoffnung auf einen Gott, welcher die Guten belohnt und die Schlechten bestraft. Ich sterbe also im Schosse der römisch-katholischen Kirche. Mit Christus verzeihe ich alles, was zu verzeihen ist. Mein Herz empfindet keinen Hass mehr gegen nie-

manden. Wie schön ist es, zu verzeihen, vor allem in einem solchen Moment. Ich bitte auch meinen Vater im Himmel, meinen Feinden zu verzeihen. Ich selbst bitte alle, die mir etwas vorzuwerfen haben, um Verzeihung. Mein Herz hat während meines kurzen Lebens keinen dauerhaften Hass verspürt.
Ich sterbe nicht stoisch, sondern christlich. Ich umarme Dich, Papa, und Dich, Mama, ich umarme Jean-Pierre, Hélène, Marie-Louise, Colette und Adrien; ich umarme meine lieben Tanten und alle andern Verwandten. Ich umarme Euch fest, ganz fest, denn es ist das letzte Mal. O Gott! ich kann mich Euren Armen nicht entwinden, ich möchte weinen, aber ich kann nicht. Mein Herz wird explodieren. Jedoch, wir werden uns wiedersehen, weil wir eine Seele haben. Ich werde einen kleinen Engel wiederfinden, meine kleine Schwester, Marie-Thérèse. Ach Marie-Thérèse, komm und führe mich in die ewigen Wohnungen. Ihr seht, ich löse mich von den Lebenden und geselle mich zu den Toten. Schlussendlich muss man einmal sterben. Jeder ohne Ausnahme muss diesen Schritt tun. Herr, entlasse Deinen Diener in Frieden, wie Du es versprochen hast. Jetzt werde ich die Sterbesakramente der Kirche empfangen. Der Beichtvater des Gefängnisses ist bei mir. Adieu et mille saints baisers.
Mein Vater und meine Mutter, danke für alles, was Ihr für mich getan habt seit meiner frühesten Kindheit. Auf Wiedersehn, im Himmel!
Ich lege meine Seele in die Hände Gottes. Euer Kind, Euer Bruder, Maurice Bavaud.
Der Brief ist vom 12. Mai 1941 datiert. Im Zivilstandsregister Charlottenburg steht, dass Bavaud am 14. Mai um sechs Uhr enthauptet wurde. Die Gefängnisverwaltung hat den Brief wieder überprüft, wie schon im Februar 1940, und erst, als daraus keine neuen kriminalistischen Hinweise zu gewinnen waren, durfte die Hinrichtung stattfinden. Er ist am Morgen des 13. aus der Todeszelle wieder nicht zur Guillotine geführt worden, sondern einen Tag später, und ist zweimal gestorben. Die deutschen Kriminalbeamen haben sich auf das Entziffern von Abschiedsbriefen verstanden.

> **Name des Briefschreibers:**
> *Maurice Bavaud*
> **Gelesen:** ....
>
> **Berlin-Plötzensee**, den *13 mai* 1941
> Königsdamm 7
> Haus 3
>
> Cher Papa, chère Maman.
>
> Je lisais la démonstration de l'existence de l'âme par Descartes, il était huit heures quand on vint m'annoncer que cette nuit est la dernière que je passe ici-bas. J'étais loin de m'attendre à ce coup; mais j'ai gardé un sang froid duquel j'augure bien, jusqu'à six heures, moment où ma tête tombera. C'est un moment terrible et qui serait insupportable sans l'espérance d'un Dieu qui récompense les bons et punit les
>
> Nur die Linie benutzen! Ränder nicht beschreiben!

Wir gehen zum Hinrichtungsschuppen, welcher jetzt eine Gedenkstätte ist. Der ehemalige Gefängnis-Coiffeur A. kennt den Weg. Er wisse nicht, wie er die Zeit hier überstanden habe, sagt er. In der Stille hört man Turteltauben gurren, und die roten Backsteingebäude sehen aus wie ein besonders gut geführtes, strenges, sauberes Internat. Ein Hochkamin überragt den ganzen Komplex, auf der Umfassungsmauer ringelt Stacheldraht. Wachttürme gibt es keine mehr.

Vor dem Hinrichtungsschuppen ist jetzt eine Pergola, freundlich übergrünt. Die Guillotine steht nicht mehr drin, die Russen haben sie verschwinden lassen. Unser Begleiter erinnert sich, dass bis April 1945 geköpft worden ist. Als man im Gefängnis das Grollen der Artillerie der Roten Armee hörte, haben die Gefangenen aufgeatmet, und einige von den Wächtern sind manierlich geworden und haben ihren Ton geändert. Einer oder zwei wurden gelyncht bei der Befreiung. Die meisten seien aber anständige Leute gewesen, sagt A.
An der Gedenkstätte werden zum Andenken an das Attentat vom 20. Juli jeweils von den Politikern Kränze niedergelegt. Vor kurzem hat Filbinger einen Kranz niedergelegt. Filbinger hatte in den letzten Tagen des Zweiten Weltkrieges in seiner Eigenschaft als Marinestabsrichter Todesurteile ausgesprochen gegen Matrosen, welche aus dem Krieg abhauen wollten. Offiziell heisst das Desertation, und Filbinger hat nur das Gesetz angewendet.
Vor dem Hinrichtungsschuppen verliert A., der während des ganzen Nachmittags in Plötzensee ruhig geblieben ist – er konnte nur manchmal nicht mehr weiterreden – seine Beherrschung und sagt lauter als sonst (Tonband läuft):

> Wissen Sie, ich stehe hier, ich könnte schreien vor Wut! Dass diese Mörder gelinde wegkommen und Hilfe bekommen –.
> Wenn ich heute – dann ist die Zeit eben wieder da, wenn irgend so eine Nazinachricht kommt – ob das nun Carstens ist oder von dem Kappler oder so –. Aber – unter Politikern ist nicht soviel Moral auffindbar und möchte sogar sagen: Anstandsgefühl. Wissen Sie, das ist eine Anmassung, dem deutschen Volk zuzumuten –
> diese Menschen, die vorgezeichnet sind, haben wir denn unter Millionen nicht drei, vier, die in Frage kommen, die sauber sind.

(A. meinte: in Frage kommen für das Amt des Bundespräsidenten)

> Wenn ich Herrn Carstens daneben nur höre, von seiner Ausstrahlung, die er hat – so hab ich das Gefühl, dem

knack ich jetzt eine Uniform drauf, mach ihn ein bisschen jünger, und dann marschiert er wieder los! Das kann ich nur gefühlsmässig Ihnen sagen – und wieviel andere stecken noch dahinter, die unerkannt sind – von hohem Rang und Chargen –

Carstens war nur Parteimitglied, und das waren viele, und Verbrechen hat er keine begangen, er hat nur nichts gegen die Verbrechen unternommen, und man kann nicht von allen erwarten, dass sie Widerstand leisten wie die Geschwister H. Und wer wollte ihm das Recht absprechen, hier einen Kranz niederzulegen?

* * *

Ein Jahr später wird der Film von St., dem Kulturchef des Zweiten Deutschen Fernsehens, visioniert. Er kommt zum Schluss, dass die Stelle mit Carstens ihm nicht gefällt, die könne man so nicht bringen. Die hätte nichts mit der Geschichte von Bavaud zu tun. Der Kulturchef des deutsch-schweizerischen Fernsehens, Stäu., welcher den Film ein wenig später visioniert, kommt zum Schluss, die Stelle mit Carstens müsse dem Rechtsdienst vorgelegt werden.
Wir kommen zum Schluss, dass wir die Stelle nicht eigenhändig herausschneiden, resp. guillotinieren wollen. Die Kulturchefs werden es selber tun müssen, das können wir nicht verhindern. Im Kino wird unsere Version gezeigt werden.

Schriftverkehr

Drei Monate nach dem Verschwinden von Maurice schickte Vater Bavaud am 16. 1. 1939 einen ersten Brief ans Politische Departement in Bern. Am 19. Oktober 1938 hatte er die letzte Nachricht von Maurice aus Baden-Baden erhalten.
Der Vater schrieb, Maurice habe sich nach eigenem Bekunden auf das schweizerische Konsulat nach Mannheim begeben, sei dort aber, wie die Gutterers herausgefunden hätten, nie eingetroffen. Sein Sohn Maurice habe nicht die politischen Anschauungen eines Kommunisten oder eines revolutionären Sozialisten. (Alfred Bavaud ging von der Annahme aus, dass die Behörden nichts für einen Sozialisten oder Kommunisten unternehmen würden.)
Und er wäre dem Departement sehr verbunden, wenn es die Freundlichkeit hätte, Nachforschungen anzustellen. Der handgeschriebene Brief auf gehäuseltem Papier ist unterschrieben mit Alfred Bavaud, employé postal à Neuchâtel.
Am 2. März 1939 kam die Nachricht aus Bern: Der Sohn sitze eine mehrmonatige Gefängnisstrafe ab wegen Betrugs. Das Schweizerische Zentralstrafenregister war schneller gewesen, dort wurde ordnungsgemäss die Tat bereits am 6. Dezember 1938 eingetragen: Bavaud Maurice, Nr. 1 – Vergehen gegen das Waffengesetz (Mitführen einer Pistole ohne Waffenschein), in Tatmehrheit mit einem Vergehen wegen Betrugs.
Endlich, am 12. April 1939, nachdem das Generalkonsulat in München Erkundigungen eingezogen hatte, orientierte Feldscher vom Politischen Departement den Vater, dass Maurice sich wegen eines «politischen Delikts» in Untersuchungshaft befinde. Der Vater war sehr überrascht und beunruhigt und schrieb zwei weitere Briefe an Feldscher mit der Bitte, die Gesandtschaft in Berlin möge sich doch bitte seines Sohnes annehmen; und was ein Anwalt koste?
Erst anderthalb Monate später meldete sich das Politische Departement wieder bei Vater Bavaud. Frölicher hatte unterdessen

an Feldscher geschrieben, es sei «trotz mehreren Anfragen an die kompetenten Stellen nicht möglich gewesen, etwas Genaueres zu erfahren. (...) Beim Volksgerichtshof ist nicht ohne weiteres jeder Rechtsanwalt als Verteidiger zugelassen, sondern es ist eine spezielle Zulassungsgenehmigung für den allenfalls durch den Angeklagten beantragten Verteidiger notwendig». Dem Vater wird aus Bern mitgeteilt, es sei noch verfrüht, einen Verteidiger zu bestellen, bevor man die genaue Art und die Schwere des Delikts kenne.
Der Vater glaubte das. Er hatte ein grenzenloses Vertrauen in die Behörden. Er glaubte an den Staat und war überzeugt, dass sich die schweizerische Gesandtschaft energisch für Maurice verwende. Er war nämlich der Ansicht, Frölicher sei als Gesandter dazu verpflichtet, die Schweizer im Ausland zu schützen; vor allem in dieser finsteren Zeit, «wo man schon wegen einer abfälligen Bemerkung ins Konzentrationslager deportiert wird, aus welchem man nicht mehr lebend herauskommt». (Brief vom 14. 5. 1939 an Feldscher.)
Das Politische Departement liess Alfred Bavaud in diesem Glauben, obwohl Feldscher schon bald gemerkt hatte, dass Frölicher in Berlin die Affäre sehr lässig behandelte. Am 7. Juli 1939 schrieb der Gesandte nach Bern, der den Fall behandelnde Referent im Aussenministerium habe ihn ersucht, in etwa einem Monat wieder nach dem Stand der Angelegenheit zu fragen. Im August fragte Frölicher wieder sehr höflich nach dem Stand der Angelegenheit; so höflich, dass er immer noch keine Auskunft bekam. Einen Protest gegen diese Auskunftsverweigerung hat Frölicher nie eingelegt.
Unterdessen verzweifelte der Vater in Neuchâtel. Aus Moabit hatte er Post von seinem Sohn bekommen, der sich in Versen ausdrückte und dunkle Andeutungen machte. Das Schlimmste war zu befürchten, aber noch schlimmer war die Ungewissheit. «Wir sind konsterniert», schrieb der Vater ans Politische Departement, und ob nicht ein Gefangenenaustausch zwischen der Schweiz und Deutschland möglich wäre. Maurice würde sich glücklich schätzen, wenn er in der Schweiz endlich seine militärischen Verpflichtungen erfüllen dürfte...
Am 22. September schrieb Frölicher nach Bern, etwas Neues sei nicht in Erfahrung zu bringen. Er hatte sich wieder einmal

beim Sachbearbeiter erkundigt. Wegen weiterer Ermittlungen könne die Anklage noch nicht erhoben werden. «Immerhin scheint so gut wie festzustehen, dass Anklage erhoben wird.» (Frölicher an Feldscher).
Das war eine Beruhigung für die Familie.
Am 1. Oktober 1939 schrieb Alfred Bavaud einen Brief an Bundesrat Motta. Es war für ihn nicht selbstverständlich, an eine so hochgestellte Persönlichkeit zu gelangen, in diesen Regionen verkehrte er sonst nicht. Motta, der katholisch-konservative Familienvater, musste für einen andern katholisch-konservativen Familienvater Verständnis haben; so hoffte er und bat den hochverehrten Herrn Bundesrat, seine Bitte mit dem allgemein bekannten Wohlwollen zu prüfen. Er wolle die kostbare Zeit des Bundesrates nicht über Gebühr in Anspruch nehmen, schrieb Alfred Bavaud, und bitte ihn, seinen grossen Einfluss und zahlreichen Beziehungen geltend zu machen für die Befreiung von Maurice, und gestatte sich noch einen Brief des Sohnes beizulegen, damit der hochverehrte Herr Bundesrat dessen Gedankenwelt kennenlerne, und gestatte sich auch, die Nummer des Dossiers seines Sohnes beim Politischen Departement anzugeben, welchem Departement er nachdrücklich für die bisher unternommenen Demarchen zu Dank verpflichtet sei. Und wenn er an die grosse Güte des Herrn Bundesrats gelange, so wisse er, dass, wenn überhaupt möglich, die Intervention des Herrn Bundesrats, dank seiner hohen Autorität, mit Sicherheit ein Resultat erbringen werden.
Alfred Bavaud hat keine Antwort erhalten, auch keine Empfangsbestätigung. Bundesrat Motta gab den Brief zu den Akten.

* * *

Der Vater hatte richtig vermutet: Es gab deutsche Gefangene in schweizerischem Gewahrsam, die man vielleicht hätte austauschen können gegen seinen Sohn Maurice; zum Beispiel die deutschen Spione Steinweg und Kaiser, welche sich für das schweizerische Befestigungswesen interessiert hatten, oder die zehn deutschen Saboteure, welche im Juni 1940 mit Sprengstoff in die Schweiz gereist waren mit dem Plan, Militärflugzeuge in Payerne, Spreitenbach, Lausanne und Biel zu zerstören. Allerdings waren die deutschen Behörden nicht sehr daran interessiert, Bavaud auszutauschen, nachdem das Gnadengesuch des Vaters an den Führer keinen Erfolg hatte. Aber die schweizerischen Behörden haben auch gar nie ernsthaft versucht, einen solchen Austausch anzuregen; am meisten hat sich noch der deutsche Gesandte in Bern, Otto Köcher, dafür eingesetzt. (Nicht aus Liebe zu Bavaud.) Das Militärdepartement hatte sein Veto eingelegt, die Staatsräson verbot den Austausch. Brief des Politischen Departements vom 14. 2. 1941 an die schweizerische Gesandtschaft in Berlin:

> (...) Wir beehren uns, Ihnen anbei Abschrift der Rückäusserung des Eidg. Militärdepartements vom 7. d. M. zu übermitteln, der sie entnehmen werden, dass das Departement es ablehnt, auf den ihm unterbreiteten Vorschlag einzutreten. Es hat uns übrigens schon vorher wissen lassen, dass es grundsätzlich abgeneigt ist, solche Austausche zu befürworten. Wir müssen zugeben, dass die vom Militärdepartement, dessen Standpunkt übrigens vom Eidgenössischen Justiz- und Polizeidepartment geteilt wird, angenommene prinzipielle Einstellung wohl begründet erscheint, so dass es schwerfallen dürfte, dagegen aufzukommen, so bedauerlich das auch mit Rücksicht auf das Schicksal verschiedener Landsleute auch erscheinen mag. In der Tat darf nicht ausser acht gelassen werden, dass ein Staat höchstens dort, wo besondere Landesinteressen im Spiele sind, auf den Vollzug einer durch seine Gerichte ausgesprochenen Strafe wird verzichten können, dass er aber, wo eine solche Notlage nicht vorliegt, nicht Hand dazu bieten soll, Ausländer, die wegen Landesverrats verurteilt sind, regelmäßig dem Strafvollzug zu entziehen. (...)
> Hierfür käme höchstens die Angelegenheit *Bavaud Maurice* in Frage, doch haben wir davon abgesehen, sie gegenüber dem Militärdepartement zu erwähnen, nachdem Ihre Gesandtschaft eine weitere Verwendung in diesem Fall seinerzeit als unzweckmäßig bezeichnet hatte.

Am 4. Januar 1940 – die deutschen Behörden hatten der schweizerischen Gesandtschaft das Prozessdatum vom 18. Dezember 1939 verschwiegen, und Frölicher wollte es gar nicht so genau wissen – hat der Gesandte dem Politischen Departement geschrieben, Bavaud sei zum Tode verurteilt worden; das sei dem Legationsrat Kappeler nach dem Prozeß mündlich im Auswärtigen Amt mitgeteilt worden, mit der Bitte, die ganze Affäre geheimzuhalten. Auch die Angehörigen dürften nicht informiert werden, da es sonst «schwierig wäre, den berechtigten Forderungen der Familie und der Öffentlichkeit nach Abklärung der Gründe für das Todesurteil aus dem Wege zu gehen».
Die Deutschen hatten nicht verlangt, die Familie im Ungewissen zu lassen: Frölicher ging weiter als die Deutschen.
Am 16. Februar 1940, Bavaud wartete schon zwei Monate lang auf den Tod, schrieb Feldscher dann der Familie, die Gesandtschaft in Berlin habe allen Grund anzunehmen, dass die deutschen Behörden den Fall Maurice Bavaud neu überprüfen würden, und man wisse nichts über Verhandlung und Urteil.
Am 2. April 1940 wusste der Gesandte immer noch nicht, in

Dr. Hans Frölicher mit seiner Tochter auf einem Empfang in Berlin

welchem Gefängnis sich der Verurteilte befand. Immerhin machte er sich erbötig, den Aufenthaltsort, dreieinhalb Monate nach der Einlieferung des Delinquenten, zu eruieren. Die Deutschen hatten beruhigenderweise mitgeteilt, dass man die Gesandtschaft, bevor die Hinrichtung vollstreckt sei, unterrichten würde. Er sei bestrebt, schrieb Frölicher nach Bern, eine Umwandlung der Todesstrafe in eine Freiheitsstrafe zu erwirken, jedoch

> es würde diesem Bestreben nichts nützen, gegenüber den deutschen Behörden Zweifel an der richtigen Beurteilung des Falles durch den Volksgerichtshof zu äussern. Auch muss sich die Gesandtschaft mit Rücksicht auf die verabscheuungswürdigen Absichten des Verurteilten begreiflicherweise eine gewisse Zurückhaltung bei der Vorbringung ihrer Begehren auferlegen. Ich halte es deshalb nicht für angebracht, um einen Besuch bei dem Verurteilten nachzusuchen. Dagegen wird die Gesandtschaft bemüht sein, wenn möglich Antwort auf die von Vater Bavaud gestellten Fragen nach dem Aufenthaltsort und der Möglichkeit eines Briefwechsels zu erlangen.

Wenn Frölicher das Attentat als «verabscheuungswürdige Absicht» bezeichnet, so darf man annehmen, dass es sich hier nicht um eine Verstellung, um Diplomatensprache handelt, sondern um eine ehrliche Überzeugung. Er hatte kein Interesse an einem Menschen, der den Führer umbringen wollte.

Am 10. Juni 1940 war endlich das Versteckspiel und das amtliche Lügen zu Ende. Vater Bavaud hatte den Brief seines Sohnes aus Plötzensee erhalten mit der Nachricht vom Todesurteil, welches jeden Moment vollstreckt werden könne. Auch jetzt bleibt Alfred Bavaud noch höflich, er reist nicht empört nach Bern und stellt Feldscher zur Rede, sondern schreibt nur wieder einen traurigen Brief:

> Also dann, Herr Sektions-Chef, was soll ich vom Schweigen der Gesandtschaft in Berlin und von ihrer Ohnmacht halten? Und doch hat man mir mehrmals versprochen, dass die Gesandtschaft die Angelegenheit nicht aus den Augen lassen würde. Sie werden meine übergrosse Bitter-

keit und meinen Schmerz verstehen, einen Sohn unter solchen Umständen zu verlieren. Wäre es auf einem Schlachtfeld, so würde uns das weniger Kummer machen.
Ich flehe Sie an, sofort bei der Gesandtschaft in Berlin zu intervenieren (wenn es noch Zeit ist), um all ihren Einfluss geltend zu machen, damit die Strafe umgewandelt werden kann.
Ich komme nochmals auf meine Idee zurück, wäre ein Gefangenenaustausch nicht möglich?
Schliesslich gebe ich Ihnen hier noch die Adresse seines Advokaten bekannt: Franz Wallau, Landgrafenstrasse 10, Berlin. In der Hoffnung, dass es nicht zu spät sei, bitte ich Sie, Herrn Sektionschef der Abteilung für Auswärtige Angelegenheiten, den Ausdruck meiner vorzüglichen Hochachtung entgegenzunehmen.

A. Bavaud

P.S. Wollen Sie bitte meine Schrift entschuldigen.

Das Politische Departement beschwichtigte weiter. Alfred Bavaud glaubte, dass *jetzt* in Berlin alles Nötige unternommen würde. Er konnte nicht wissen, dass am 9. Januar 1940 Legationsrat Kappeler gegenüber einem Beamten des Auswärtigen Amtes geäussert hatte, die Gesandtschaft wolle keinen formellen Antrag auf Begnadigung stellen, worauf das Auswärtige Amt dem Reichsjustizministerium mitteilte, es «erhebe seinerseits gegen eine Vollstreckung der Todesstrafe keine Bedenken». Zur selben Zeit hatte Frölicher seinen Freund Weizsäcker, den Staatssekretär des Auswärtigen Amtes, besucht. Weizsäcker notierte anschliessend, Frölicher habe «in der Sache kein Petitum», also keine Forderung, gestellt, sondern nur erwähnt, dass es «leichter sein würde, den Vorgang totzuschweigen, wenn es nicht zu einer Exekution komme».
Es war am einfachsten, Bavaud in aller Stille verschwinden zu lassen. Nur kein Aufsehen! Die Deutschen hatten Angst, das Attentat könnte andere Täter inspirieren, und Frölicher hatte Angst für die schweizerisch-deutschen Beziehungen. Weder in Deutschland noch in der Schweiz ist damals die kleinste Nachricht über Bavaud veröffentlicht worden. (Das Auswärtige Amt hatte eine Presse-Notiz vorbereitet, aber nicht herausgegeben.)

Ein Attentäter, der laut Volksgerichtshof von der schweizerischen Presse zu seiner Tat aufgehetzt worden war – das konnte diplomatische Verwicklungen bringen, da verhielt man sich am besten ruhig.

Schweizerische Gesandtschaft in Berlin

In Bern war man immerhin nicht ganz zufrieden mit Frölicher und schrieb nach Berlin, dass man ihm sehr verbunden wäre, wenn

> er gegenüber der Deutschen Regierung unsern Unwillen darüber nicht verbergen würde, dass im vorliegenden Fall allgemein anerkannte Grundsätze diplomatischen Schutzes missachtet worden sind und dass der Fall für die schweizerisch-deutschen Beziehungen unliebsame Folgen haben könnte, wenn die Exekution vollzogen würde (...)

Frölicher und sein Legationssekretär Kappeler verbargen den Unwillen, resp. verspürten ihn gar nicht. Ihre Beziehungen zu den deutschen Amtsstellen waren ausgezeichnet, man wollte sie nicht belasten, und dann war man auch gesellschaftlich sehr engagiert, all die glänzenden Veranstaltungen auf der Gesandtschaft, der small talk mit Staatssekretär von Weizsäcker, die Golf-Partien, Jagdausflüge, Konzertbesuche; man gehörte zum besten Teil der Berliner Gesellschaft und stand den hohen Be-

Todeszellen in Berlin-Plötzensee

amten des Auswärtigen Amtes näher als diesem seltsamen Bavaud. Frölicher schrieb in seiner diplomatischen Korrespondenz «Bavaut» statt «Bavaud», auch verwechselte er den Vornamen und schrieb Alfred statt Maurice, es kam nicht darauf an.
Und so war es denn ganz natürlich, von Frölicher und Legationsrat Kappeler aus gesehen, dass der Delinquent nie Post oder Besuch erhielt aus der Gesandtschaft, weder in Moabit noch Plötzensee, dass man ihm keinen Anwalt besorgte, keine Akteneinsicht verlangte, keinen Prozessbeobachter schickte. Die Deutschen hatten soviel Entgegenkommen nicht erwartet und scheinen erstaunt gewesen zu sein über die Nachgiebigkeit des Gesandten. Man hatte sich auf ein Tau-Ziehen eingerichtet, auf diplomatische Querelen, und konnte jetzt erfreut notieren, dass Frölicher und Kappeler den deutschen Wünschen entgegenkamen, bevor sie ausgesprochen waren; dass die beiden sogar weiter gingen als die deutschen Wünsche, indem z. B. Familie Bavaud auf Betreiben von Frölicher nicht informiert werden durfte.

* * *

Legationssekretär Kappeler, bzw. Kapitulationssekretär Läppeler, wie man ihn im Bundeshaus, laut Auskunft von Hans-Rudolf Kurz nannte, lebt noch. Wir wollten ihn fragen, wie er sich heute zu seiner Rolle in Sachen Bavaud stellte. Kappeler schrieb, das sei schon lange her, und er könne sich an nichts mehr erinnern, und er sei alt. Später erfuhren wir im Politischen Departement, dass Kappeler das Dossier Bavaud konsultiert hatte, bevor er sich an nichts mehr erinnern konnte, wie er uns schrieb.

* * *

Jean-Pierre Bavaud, der zweitälteste Bruder, hat ein heftiges Temperament. Er war wütend und wollte etwas für Maurice

tun. Eines Tages im Aktivdienst ging Wachtmeister Bavaud zu seinem Hauptmann und brachte ihm den Brief des Bruders, in welchem vom Todesurteil die Rede ist. Der Hauptmann schickte, im Auftrag des Kommandanten der 2. Division, den Brief weiter an das Politische Departement, mit der Bitte, etwas zu tun. Darauf wird Wachtmeister Bavaud am 17. 6. 1940 in das Departement zitiert.
Dort sei er, sagt Jean-Pierre, zusammengeschissen worden: Man wisse im Departement sehr wohl, was zu tun sei und brauche keinen Nachhilfeunterricht von Wachtmeister Bavaud, und man setze sich ständig mit der grössten Energie für den Bruder ein. Und die Familie solle sich nicht einfallen lassen, die Sache in die Öffentlichkeit zu tragen, und auf keinen Fall irgend etwas unternehmen, was nicht über das Departement laufe, das würde den Fall nur erschweren.

* * *

Hélène und Marie-Louise Bavaud erinnern sich, dass zu dieser Zeit ein Deutscher in den Gemüseladen der Mutter in Neuchâtel gekommen sei, wo sie als Verkäuferinnen aushalfen, und der habe mit hochgerissenem Arm und HEIL HITLER gegrüsst, und sie hätten ihm am liebsten eine heruntergewaschen, seien aber ruhig geblieben, weil ihnen eingeschärft worden war, kein Aufsehen zu erregen und die deutschen Kunden zuvorkommend zu behandeln.

* * *

Vater Bavaud schrieb weiter Briefe an das Politische Departement. Am 19. Juni 1940 dankte er Feldscher dafür, dass Jean-Pierre im Bundeshaus hatte vorbeikommen dürfen und dass im Departement all die Anstrengungen unternommen wurden. Hoffentlich sind sie nicht vergeblich, schrieb Alfred Bavaud.
Am 27. Mai 1941 schrieb der Vater an das Politische Departe-

ment, Maurice habe die Familie wissen lassen, er befinde sich jetzt schon 30 Monate in Isolationshaft, total abgesondert, und wisse nie, wann der letzte Tag anbreche.
Zu diesem Zeitpunkt war er schon tot.
Das Hinrichtungsprotokoll ist nicht überliefert. Es war alles genau geregelt, und in den ersten Kriegsjahren wurde Wert gelegt auf ein Zeremoniell. Vom Tod der Serviertochter Maria Diecker gibt es eine «Niederschrift», wie man das nannte:
«Die Unterzeichneten Beamten der Reichsanwaltschaft beim Volksgerichtshof begaben sich heute früh zur Vollstreckung des gegen Maria Diecker aus Gelsenkirchen ergangenen rechtskräftigen Todesurteils des 4. Senats des Volksgerichtshofs vom 9. Mai 1940 in das Gefängnis Plötzensee.
Um 5.44 wurde der zur Vollstreckung des Urteils bestimmte Raum betreten. Der Scharfrichter Hehr aus Hannover meldete dem mit der Leitung der Urteilsvollstreckung beauftragten Staatsanwalt, dass er mit seinen Gehilfen zur Ausführung der Vollstreckung bereit stehe. In dem vorderen Teil des durch elektrisches Licht hell erleuchteten Vollstreckungsraums befand sich ein schwarz verhangener Tisch, auf dem ein Kruzifix und zwei brennende Kerzen standen. Der hintere Teil des Vollstreckungsraumes, in dem das Fallbeilgerät steht, war durch einen schwarzen Vorhang abgetrennt.
Die Unterzeichneten nahmen hinter dem Tisch Aufstellung. Der Scharfrichter stellte sich mit seinen Gehilfen vor dem geschlossenen Vorhang auf.
Der unterzeichnete Erste Staatsanwalt ordnete die Vorführung der Verurteilten an. Diese wurde um 5.45, die Hände auf dem Rücken gefesselt, durch zwei Gefängniswachtmeister an der Richtstätte vorgeführt. Die Tür des Vollstreckungsraumes wurde geschlossen. Der Verurteilten Diecker wurde sodann durch den Ersten unterzeichneten Staatsanwalt die Formel des Urteils des 4. Senats des Volksgerichtshofes vom 9. Mai 1940 und die Entscheidung des Reichsministers der Justiz vom 9. Mai 1940 deutlich vorgelesen.
Hierauf beauftragte der leitende Erste Staatsanwalt den Scharfrichter Hehr, seines Amtes zu walten. Sofort wurde der Vorhang zurückgezogen, und die drei Gehilfen des Scharfrichters traten an die Stelle der beiden Gefängniswachtmeister.

Die Verurteilte Diecker gab keine Äusserung von sich. Sie war ruhig und gefasst. Sie liess sich ohne Widerstreben vor das Fallbeilgerät führen und dort mit entblösstem Nacken niederlegen. Der Scharfrichter Hehr trennte sodann mittels Fallbeils den Kopf der Verurteilten vom Rumpf und meldete, dass das Urteil vollstreckt sei. Der anwesende Arzt bestätigte dem unterzeichneten Ersten Staatsanwalt den eingetretenen Tod der Diecker. Der Geistliche bat um ein stilles Gebet.
Der schwarze Vorhang war nach der vollzogenen Hinrichtung sofort wieder geschlossen worden.
Die Vollstreckung dauerte vom Zeitpunkt der Vorführung bis zur Übergabe an den Scharfrichter 29 Sekunden und von der Übergabe an diesen bis zu seiner Meldung, dass das Urteil vollstreckt sei, 12 Sekunden. Signiert: Der Erste Staatsanwalt, der Regierungsinspektor.»

* * *

Etwa drei Wochen nach der Hinrichtung traf der Abschiedsbrief von Maurice in Neuchâtel ein. Der Vater benachrichtigte das Politische Departement vom Tod, den das Departement so energisch zu verhindern versprochen hatte. Expressbrief vom 7. 6. 1941:

> Herr Departementsvorsteher,
> Mit Entsetzen und ungeheurem Schmerz habe ich einen Brief erhalten und Kenntnis genommen von den letzten Grüssen meines Sohnes Maurice, datiert vom 12. des vergangenen Monats. Denn es war die letzte Nacht seines Lebens. Ich kann die Gefühle nicht ausdrücken, die mein Herz mit Bitterkeit erfüllen.
> Ich bin empört, dass die schweizerische Gesandtschaft in Berlin es nicht der Mühe wert fand, sich um diesen armen Burschen zu kümmern, welcher kein Krimineller und auch kein Übeltäter war.
> Nun sind schon drei Wochen seit der Exekution vergangen, und wir haben kein Wort von den Behörden gehört.

Es stimmt, dass die Schweiz sehr klein ist, verglichen mit dem grossen Deutschland.
Trotzdem hat man versprochen, uns zu benachrichtigen, falls das Todesurteil vollstreckt werde.
Empfangen Sie, sehr geehrter Herr Departements-Chef, den Ausdruck meiner vorzüglichen Hochachtung. A. Bavaud.

Frölicher war nicht, wie versprochen, von der bevorstehenden Hinrichtung informiert worden; dass sie jetzt erfolgt war, erfuhr er aus Bern. (Das Auswärtige Amt hatte «vergessen», die Gesandtschaft zu verständigen. Man wusste dort, dass Frölicher über diese Vergesslichkeit nicht unglücklich sein würde.)
Das Departement war nun doch betroffen, soweit das im diplomatischen Dienst möglich war, und schickte Frölicher einen Verweis, der von Departementschef Pilet-Golaz persönlich unterschrieben war, welcher «nicht umhin konnte, seinem tiefsten Befremden über die in dieser Angelegenheit eingetretene tragische Wendung Ausdruck zu geben». Durch periodische Fühlungnahme mit den für die Behandlung dieses Falles zuständigen Stellen hätte die inzwischen eingetretene *peinliche Situation* vermieden werden können, schrieb Pilet-Golaz.
Am 11. Juni 1941 begab sich ein Vertreter des Politischen Departements nach Neuchâtel, um das Beileid auszudrücken. Die Affäre durfte nicht an die Öffentlichkeit dringen und sich zum Skandal enwickeln, man musste die Familie beruhigen. Der Vater war resigniert und schicksalsergeben, die Mutter weniger. Sie wurde mit der Bemerkung zufriedengestellt, dass «offenbar das mangelhafte Zusammenwirken zwischen dem deutschen Justiz- und Aussenministerium den Grund für die verspätete Benachrichtigung der Gesandtschaft gebildet habe».
Kein Wort der Entschuldigung für das Verhalten des Gesandten Frölicher.
Jean-Pierre Bavaud, der zweitälteste Bruder, war nicht zufrieden, er äusserte sich in bittern Worten über die deutschen Behörden, «denen es natürlich nichts ausmache, einen Menschen mehr oder weniger umzubringen», und er zweifelte daran, daß die Deutschen das Recht hätten, einen Schweizer zu töten. Er wurde belehrt mit dem Hinweis, das Strafgesetz gelte für alle

Personen, ungeachtet ihrer Staatsangehörigkeit, und auch in der Schweiz hätte ein Ausländer für gewisse Straftaten mit dem Leben zu bezahlen.

Alfred Bavaud, der Vater

(Das war falsch. Kein Ausländer ist in der Schweiz während des Zweiten Weltkrieges hingerichtet worden. Aber Jean-Pierre glaubte den Beteuerungen, er konnte sie nicht überprüfen.)
Der Vater zeigte sich «durchaus verständlich und gibt seiner Befriedigung darüber Ausdruck, dass sein Sohn wenigstens im Glauben an Gott aus dem Leben geschieden ist». Der Trauerbote aus Bern hatte nach der Unterredung ein gutes Gefühl und verliess, wie er in seiner Notiz schrieb, «die Familie mit dem bestimmten Eindruck, dass sie unserem Departement nicht nur für dessen Anteilnahme, sondern auch für alle zu Gunsten ihres Sohnes unternommenen Schritte aufrichtig dankbar ist. Ich glaube mich auch in der Annahme nicht zu täuschen, dass es die Angehörigen des Verstorbenen vermeiden werden, diesen unglücklichen Fall zum Gegenstand irgendwelcher Angriffe auf die Behörden zu machen, sondern dass sie sich in Erkenntnis der Schuld ihres Sohnes mit ihrem harten Los abfinden werden».

* * *

Im Juni 1941 wurde in Neuchâtel eine Totenmesse gelesen für die Seelenruhe von Maurice. Der Pfarrer hatte einen Beileidsbesuch versprochen, kam aber nicht. In der Todesanzeige wurde die Hinrichtung nicht erwähnt. Frère Louis von den christlichen Schulbrüdern, der stets zu einem Schwatz in den Gemüseladen gekommen war, liess sich nicht mehr blicken. Der Schuldirektor hatte ihm den Umgang mit der Familie verboten, so erinnern sich die Geschwister. Und der Pfarrer habe vielleicht auch Angst gehabt, deshalb kein Beileidsbesuch. Es war noch nie vorgekommen, dass so ein Besuch unterblieb. In einem anonymen Brief wurde gedroht, die ganze Familie komme noch dran, wenn die Deutschen endlich einmarschierten. Die Mutter glaubte lange Zeit, dass Maurice nicht gestorben sei, und blickte erwartungsvoll auf, wenn ein junger Mann in den Laden kam. Später, als die Schwestern heirateten, und die nächste Generation zur Welt kam, wünschte der Vater nicht, dass ein Enkel auf den Namen Maurice getauft werde.

«Wenn Maurice nicht Bavaud, sondern de Montmollin oder du Pasquier geheissen hätte, dann wäre in Neuchâtel jetzt eine Strasse nach ihm benannt», sagte Jean-Pierre, «oder besser gesagt, dann würde er noch leben. Für einen Sohn aus einflussreicher Familie hätten das Politische Departement und Frölicher sich ein Bein ausgerissen. Aber er hiess leider nur Bavaud.»

Béguin, agent s de jeunes u cours d'une e, où le dra- viat s'incli- r recevoir un

enade en ba- verdoyante de au débordant issant de vie ible... un vrai e de fées !
onsacré aux principal de s événements de la Confé- ts devaient, les trois élé- 1291 : l'union, olonté de ne naître : Dieu. e, aux Riaux, ons des pas- es, et M. G. eil communal. ar un acte so- adets, répon- ntonal.M Ch.

Les membres de la *Société fraternelle de Prévoyance, section de Peseux,* sont informés du décès de

Monsieur Louis WICKY

membre de la société.
L'incinération aura lieu dimanche 15 juin. Culte au crématoire à 14 h.

Le comité.

Le comité des *Anciens-Etudiens* a le pénible devoir de faire part du décès de leur cher camarade

Monsieur Guy de POURTALÈS

ruban d'honneur
survenu à Montana le 12 juin 1941.

Mon Dieu! plus près de Toi!
Madame veuve Ernest Renaud-Perret, à Corcelles, et ses enfants;
Madame et Monsieur Léon Baehler-Renaud et leurs enfants, à Peseux;
Monsieur et Madame Paul Renaud-

té, je t'ai appelé par ton nom, tu es à moi.
L'incinération aura lieu dimanche 15 juin. Culte au crématoire à 14 heures.
Départ du domicile mortuaire à 13 h. 15.

Monsieur et Madame A. Bavaud, leurs enfants, ainsi que les familles parentes et alliées, ont la douleur d'annoncer la mort de leur cher fils, frère et parent,

Maurice BAVAUD

survenue à Berlin le 13 mai 1941, muni des saints sacrements de l'Eglise.

R. I. P.

Madame et Monsieur F^d Perritaz et leurs enfants : Daniella, Gabrielle, François et Lucette, à Boudry

Unter den Linden

Herr Klode mit seinem braunen Regenmantel und dem kleidsamen Hütchen stand immer schon morgens um acht, wenn wir, halb ausgeschlafen, unser Tagwerk in Angriff nahmen, kregel und aufgeräumt vor dem Hotel, manchmal auch im Hotelfoyer, und begann uns zu betreuen, stracks.
– Gutn Morgn die Herren! Was ham wir heute auf dem Programm?
Herr Klode war uns vom Ministerium zugeteilt worden, damit er alle Schwierigkeiten aus dem Weg räume, den Verkehr sowohl mit den Amtsstellen als auch mit der Bevölkerung, resp. dem Volk, erleichtere, und uns einerseits einen historischen Überblick, andererseits Hilfestellung beim Filmen gebe, und alle damit verbundenen Unzukömmlichkeiten planiere. Im Ministerium hatte uns sein Vorgesetzter, Bereichsleiter N., erklärt:
– Der Mann ist eine Perle.
Nachdem wir in der Bundesrepublik ohne jede Betreuung hatten arbeiten müssen und der dortige Staat sich überhaupt nicht für unser Projekt interessierte, ausser bei Gefängnisaufnahmen und Schiessübungen in der Natur oder vielleicht beim Eindringen in ein Ministerpräsidentenpalais, waren wir überrascht von dieser Anteilnahme, die ohne Übertreibung als warm bezeichnet werden darf. Zwar hatten wir nicht die Wahl, uns von Herrn Klode begleiten zu lassen oder nicht, aber es wurde bald klar, dass es anders nicht ging und alles nur zu unserem Besten war. Herr Klode kostete 200.— Mark pro Tag, ein bescheidener Preis, wenn man ihn mit der Reichhaltigkeit der von ihm erbrachten Betreuung vergleicht. Wir waren aufgehoben, umhegt, umsorgt, die Tage waren ganz genau eingeteilt und in Portionen zerschnitten, und wir sind uns nie verlassen vorgekommen wie in der Bundesrepublik oder in Frankreich. Auch wurde unablässig und sehr pädagogisch unsere politische Bildung vorangetrieben.

Wir waren in die Hauptstadt der DDR gereist, um die Sterbeurkunde von Bavaud zu finden und Widerstandskämpfer, die Plötzensee oder ähnliche Gefängnisse aus eigener Anschauung kannten, zu treffen.
Dank der Fürsorge des Ministeriums wurden wir zuerst einmal im teuersten Hotel von Berlin untergebracht. Das war eine Art Hilton voller Geschäftsleute aus dem Westen, von jenem Genre, das wir zu Hause nie treffen, gediegene Leute mit Samsonite-Köfferchen und Dior-Krawatten; unvergesslich die Citroën-Delegation aus Paris. Es sei nicht tunlich, uns an einem andern Ort unterzubringen; nur das Beste ist gut genug für unsere Gäste, sagte sinngemäß Herr Klode. Privat übernachten bei Freunden war nicht gestattet. Der Hinweis auf unser knappes Budget (die Spesen nicht separat von den Fernsehanstalten berappt, sondern in der Gesamtsumme enthalten, über die wir verfügten) änderte nichts an der Lage. Die Luft im Hotel war ständig von zartem Vogelgezwitscher erfüllt, welches statt der gewohnten Musik aus den Lautsprechern kam.
Mit dem Bereichsleiter N. wurde am nächsten Tag vereinbart, dass wir eine Anzahl von Personen, die wir befragen wollten, zuerst in Begleitung unseres Herrn Klode besuchen, Vorgespräche führen und schliesslich beim Bereichsleiter die Erlaubnis zum Filmen einholen würden.
Ohne Herrn Klode liessen sich diese Kontakte nicht herstellen, sagte der Bereichsleiter; die ehemaligen Widerstandskämpfer seien naturgemäß misstrauisch gegenüber Besuchern aus dem Westen, darum müsse Herr Klode vorerst das Eis brechen.

* * *

Die gesuchten Dokumente kamen bei einer Kreisbehörde zum Vorschein. Durch die Kriegs-Wirrnisse waren die Sterbebücher aus dem Zivilstandamt Charlottenburg in den östlichen Teil der Stadt gekommen. Die Sterbeurkunden sind zu dicken Büchern zusammengeheftet, aus denen man ablesen kann, woran die Leute im Kreis Charlottenburg, eine kleinbürgerliche Gegend, zu der auch Plötzensee gehörte, gestorben sind. Dafür gibt es

eine Rubrik: Todesursache. Bei der Witwe Maria Erika Jahncke
z. B. steht: Aderverhärtung, Herzmuskelschwäche, Asthma.
Wenn man umblättert, findet man den Kaufmann Bruno Ernst
Fritz Ferdinand Haack, wohnhaft gewesen Brodberg 45, Zehlendorf, gestorben Königsdamm 7, Charlottenburg, Todesursache Enthauptung. Zur Adresse Königsdamm 7 gehört fast
immer die Todesursache Enthauptung. Dann kommt wieder eine Gelbsucht, dann drei Enthauptungen nacheinander, ein Verkehrsunfall, Gelenkrheumatismus, Enthauptung, Enthauptung, Enthauptung, Enthauptung. Manchmal die erste Enthauptung um 19.00 Uhr, die zweite um 19.03, die dritte um
19.06, etc. bis 20.30. Im Sterbebuch 1943, Bd. 7, Nr.
1801–2400 steht unter der Nummer 1851:

> Berlin-Charlottenburg, den 10. April 1943.
> Der Gärtner Marcel Joseph Gerbohay
> katholisch
> wohnhaft in Pacé Ille et Vilaine,
> bei der Mutter
> ist am 9. April 1943 – um 19 Uhr 36 Minuten
> in Berlin-Charlottenburg, Königsdamm 7 ———
> verstorben
> Der Verstorbene war geboren am 3. Mai 1917
> in Pacé, Kreis Ille et Vilaine
> Vater: Marcel Gerbohay, letzter Wohnort nicht
> bekannt
> Mutter: Angèle, geborene Dannay. ———
> Der Verstorbene war nicht verheiratet.
> Eingetragen auf mündliche Anzeige des Oberwachtmeisters Ernst Humboldt, wohnhaft in
> Berlin-Plötzensee, Thaters Privatweg 4.
> Der Anzeigende ist bekannt und erklärte, er
> sei von dem Todesfalle aus eigener Wissenschaft
> unterrichtet.
> Vorgelesen, genehmigt und unterschrieben:
> Ernst Humboldt. Der Standesbeamte, in Vertretung:
> Gluck.
> Todesursache: Enthauptung.

Der technische Zeichner Maurice Bavaud ist am 14. Mai 1941

eingetragen, verstorben um 6 Uhr oo Minuten, Todesursache Enthauptung. Mit dem Anzeigenden, der vom Todesfall aus eigener Wissenschaft unterrichtet ist, war jeweils der Justizbeamte gemeint, der die Delinquenten zur Hinrichtung begleitete; oder der Henkersknecht; oder die Person, welche die Leichen eingesargt hat. Was sich der Standesbeamte, der diese Eintragungen jahrelang vornahm, gedacht hat beim Schreiben, ist nicht bekannt. Die Sterbebücher sind musterhaft geführt; wenn ein halber Satz gestrichen ist, heisst es am Schluss: fünf Wörter gestrichen, oder: zehn Wörter gestrichen, damit ersichtlich wird, dass die Ausmerzung vom Beamten vorgenommen wurde. Streichungen kamen oft vor, die vielen ausländischen Namen, französische, tschechische, polnische, welche vom Königsdamm 7 gemeldet wurden, waren den Beamten nicht geläufig, sie mussten oft mehrmals ansetzen. Manchmal ist über der Schreibmaschinen-Eintragung noch handschriftlich etwas beigefügt.

* * *

Herr Klode begleitete uns zu Frau H., die im Krieg ein Attentat begangen hatte, zum Tode verurteilt war und während einer Bombardierung aus dem Gefängnis fliehen konnte; die Bomben hatten es geöffnet. Sie erzählt, wie es damals war, als sie auf die Hinrichtung wartete. Frau H. ist Jüdin und gehörte zu einer bekannten Widerstandsgruppe. Als wieder einmal eine antisemitische Ausstellung gezeigt wurde im Lustgarten von Berlin, in diesem Fall sollte die Verbindung von Bolschewismus und Judentum speziell zur Geltung kommen, beschloss die Gruppe, eine Bombe zu legen. Die kommunistische Partei war mit dem Attentat nicht einverstanden, solch halb anarchistische Spontanaktionen lagen nicht auf der Linie. Sie habe trotzdem ein Zeichen setzen wollen, sagte Frau H., es sei einfach an der Zeit gewesen. Wir schildern den Versuch von Maurice Bavaud, Frau H. hört interessiert zu. Herr Klode, der dem Gespräch beiwohnt, sagt, bei Bavaud handle es sich vermutlich um einen anarchistischen Einzeltäter, und ein Attentat hätte nichts genützt,

H. sei nur eine jederzeit ersetzbare Marionette des Kapitals gewesen, wie Margaret Thatcher. Klode war auch im Widerstand und hat lange Jahre im Konzentrationslager verbracht. Wir verabreden uns mit Frau H. für einen der nächsten Tage zum Filmen.
Auf dem Rückweg sagt Herr Klode, die Widerstandskämpfer genössen in der DDR ein grosses Prestige, nicht wie in der Bundesrepublik. Wir erinnern uns an den Arbeiter Emil Meier in München, der erzählt hatte, für seine Nachbarn sei er auch heute noch ein Verbrecher, weil er im KZ gewesen war; und an Falk Harnack in Westberlin, der uns kein Interview geben wollte, weil er Angst hatte vor den Folgen; und an die Geschwister H., welche keine Anerkennung für ihre illegale Arbeit bekommen haben; und an A., den Coiffeur von Plötzensee, der Angst hat vor den Rechten. Keiner von den Widerstandskämpfern in der Bundesrepublik hat uns gesagt, ihre illegale Arbeit sei verdankt worden vom Staat. Alle haben irgend eine Angst.
Herr Klode führt uns zu F., der beruflich mit Kultur zu tun hat. Das Filmprojekt interessiert ihn, übermorgen hat er Zeit für die Aufnahmen. Als Klode kurz austreten muß, sagt F., es wäre schön, wenn wir das nächste Mal ohne unsern Wachhund kämen. Wir können nichts versprechen. Dann zeigt er uns einen Brief, den er von seiner Behörde erhalten hat. Darin werden wir beschrieben als eine der PdA nahestehende Filmgruppe, über die bisher nichts Nachteiliges bekannt sei. Nach unserm Besuch muss er einen Rapport abliefern über den Eindruck, den wir auf ihn gemacht haben, es sind zahlreiche Rubriken vorhanden auf dem Formular («Benehmen», «Politische Zuverlässigkeit», etc). Die Behörde ersucht ihn, nicht mehr als 2 DIN A4 Blätter über uns abzuliefern, und F. lacht ein bisschen.
Später treffen wir Frau K., die über ihre Gefängnisjahre ein Buch geschrieben hat. Auch mit ihr wird ein Termin vereinbart. Am nächsten Tag, nachdem uns das Vogelgezwitscher aus den Lautsprechern unseres Hotels wieder gefreut hat, möchten wir gern ins Filmarchiv nach Babelsberg fahren, dort wird die DEUTSCHE WOCHENSCHAU aus der Zeit von Goebbels aufbewahrt, und etwas davon können wir im Film verwenden. Ba-

belsberg war früher nur einige Kilometer vom Zentrum Berlins entfernt, wegen der Mauer muss jetzt ein langer Umweg gefahren werden. Unterwegs erzählt Herr Klode, die Mauer sei gebaut worden, weil die Westberliner sich immer mit dem billigen Fleisch aus Ostberlin eingedeckt hatten, und die Fleischversorgung in Ostberlin zusammengebrochen wäre, wenn *wir*, wie er sagt, die Mauer nicht gebaut hätten. Über die Ausfahrtsstrassen, die zum Flughafen führen, sind Transparente gespannt: DAS VOLK VON BERLIN GRÜSST ARISTIDE PEREIRA, PRÄSIDENT DER KAPVERDISCHEN INSELN. Man sieht aber kein Volk. Eine Wagenkolonne offiziellen Charakters braust einsam Richtung Innenstadt.
Im Archiv für den wissenschaftlichen Film in Babelsberg suchen wir den Onkel von Bavaud, Staatssekretär Gutterer, und finden ihn, Deutsche Wochenschau von 1943. Er hält Zwangsarbeitern, die nach Deutschland verschleppt wurden, eine Ansprache. Die Fremdarbeiter schauen misstrauisch an der Uniform und den Stiefeln des Staatssekretärs hinauf, die Rede scheppert ins Publikum herunter; bei all ihrer Kunstfertigkeit gelingt es den Kameramännern des Dritten Reiches nicht, die Wahrheit ganz zu verdecken. Wir arbeiten an zwei Schneidetischen, um möglichst viel in kurzer Zeit zu sehen. Herr Klode wandert zwischen den Schneidetischen hin und her, er will wissen, was wir auslesen für unsern Film, er nimmt Anteil. Er schaut uns über die Schultern. Er scheint nie müde zu werden.
Auf dem Rückweg nach Berlin möchten wir das Dorf Döberitz besuchen, dort wurden viele von den Toten aus Plötzensee beerdigt, vielleicht auch Maurice Bavaud. Klode sagt, ein Dorf dieses Namens gebe es nicht. Wir zeigen es ihm auf der Karte. Der Abstecher sei nicht vorgesehen, sagt Klode, er müsse zuerst im Ministerium telefonisch um Erlaubnis fragen. Weil kein Telefon in der Nähe ist, gibt er schliesslich nach. Wir fahren durch eine karge Landschaft, Sandboden, nach einer Abzweigung die Naturstrasse Richtung Döberitz. Hinter unsern beiden Autos wirbelt der Staub, märkischer Sand, und Herr Klode sagt, wir sollten keine falschen Schlüsse ziehen, das sei eine der letzten nicht betonierten Strassen. Auch für die Dampflokomotive, der wir an einem Bahnübergang begegnen, entschuldigt er sich und meint, es handle sich um Spott, als wir sie schön finden.

In Döberitz möchten wir einkehren im Dorfkrug, und das wird uns denn auch, nach einigen Bedenken, gestattet. Hier gibt es nicht oft Besuch von Ausländern. Die Leute zeigen eine Begeisterung für die Schweiz, welche wir nicht ohne weiteres teilen können, Hans Stürm warnt vor allzu grossem Enthusiasmus. Es wird heftig gegen die Behörden der DDR vom Leder gezogen, es kommt ihnen wie antikommunistische Sprechblasen aus dem Mund und tönt, als ob ein Leitartikel der «Neuen Zürcher Zeitung» rezitiert würde, aber weil dieses Organ, wie alle andern westlichen Zeitungen, den Bürgern der DDR nicht zugänglich ist, müssen die Gefühle aus andern Quellen stammen. Wir wehren ab und versuchen, auf die positiven Errungenschaften der DDR hinzuweisen. An der Theke stehen, oder wanken, zwei russische Soldaten mit pittoresken Tellermützen und Militärblusen, beide stocknabelvoll, und fraternisieren mit Villi. Herr Klode wendet sich degoutiert ab, verlässt uns kurz, er will noch den Bürgermeister von Döberitz besuchen.
In seiner Abwesenheit macht sich ein junger Mann erbötig, uns bei der Suche zu helfen. Wir fahren durch das Dorf und dann in einen Wald, die Strasse wird immer schlechter, tiefe Radspuren, eine hochgezogene Barriere, Inschriften, deutsch und russisch: ZUTRITT VERBOTEN. Kein Mensch zu sehen. Der Wald lichtet sich, eine tief zerfurchte Landschaft kommt zum Vorschein, vormals Wiese, am Horizont steht eine Helikopterattrappe auf hohem Eisengestell. Das sei ein Truppenübungsplatz der Roten Armee, sagt unser Begleiter, die Granateinschläge der Artillerie hätten den Boden derart umgepflügt, und früher habe sich hier das Massengrab der Toten von Plötzensee befunden, welche aber vermutlich alle umgebettet worden seien, er wisse nicht recht.

* * *

Am nächsten Tag überreichen wir dem Bereichsleiter N. die Liste mit den Personen, die ihre Mitarbeit für unsern Film zugesagt haben. Herr N. sagt, es seien Klagen bei ihm eingelaufen, wir hätten uns ungebührlich benommen, das am Morgen besprochene Tagesprogramm nicht immer eingehalten, sondern improvisiert. Auf diese Weise käme nie ein guter Film zustande. Auch müssten wir die feindseligen Reaktionen der Bevölkerung einkalkulieren, es habe sich herumgesprochen, dass der Film vom ZDF mitfinanziert sei, und so könne es passieren, dass man uns, obwohl Schweizer, im Volk als Agenten der Bundesrepublik behandle, welche raffinierterweise uns Schweizer dazu benützte, die DDR auszukundschaften, nachdem die deutschen Korrespondenten enttarnt und ausgewiesen worden seien.

Hans erklärt, dass wir mit dem Volk, wo immer wir es ohne Dazwischentreten unseres Herrn Klode getroffen hätten, auf bestem Fuss stünden und keine Angst verspürten, von ihm, dem Volk, malträtiert zu werden. Zwei Tage später teilt uns der Bereichsleiter mit, gegen eine Mitarbeit von Frau K. und F. und Herrn H. bei unserem Film bestünden amtlicherseits keine Bedenken, es sei lediglich ein Hindernis rein praktischer Natur aufgetaucht, die drei Personen befänden sich nämlich jetzt alle auf einem Widerstandskämpfer-Kongress im Ausland, bedauerlicherweise. Es sei uns jedoch freigestellt, im Museum für Deutsche Geschichte und Unter den Linden zu filmen; Sachen, nicht Personen.

Erstaunt, weil alle drei zugleich den Termin vergessen haben, telefonieren wir am Abend. Sie befinden sich in Berlin und erwarten uns, wie vereinbart. Am nächsten Tag sagt der Bereichsleiter, wir müssten uns am Telefon verhört haben, die seien garantiert landesabwesend. Und so können wir denn, weil sie im Ausland sind – sie wissen es nur nicht; hartnäckig vermeinen die drei, in Berlin zu sein – keine Aufnahme machen. Das Bewusstsein des Bereichsleiters N. bestimmt das Sein von K., F. und H.

Am nächsten Morgen steht Herr Klode wohlgelaunt und kregel vor dem Hotel, streckt Villi Hermann mit besonderer Herzlichkeit seine Hand entgegen und sagt:
– Gratuliere zum Geburtstag, und wünsche Ihrem Projekt viel Erfolg!
Villi, der seinen eigenen Geburtstag vergessen hatte, ist ob so viel Aufmerksamkeit gerührt und wir mit ihm. Es wird ein schöner Tag. Nur filmen dürfen wir nicht.

Zack-Zack kommt die Wachtablösung aus Richtung Brandenburger Tor, das blitzt schon von weitem und tönt so heimatlich mit Musik und Tschindrassa, und marschiert auf der Strasse, die den sehnsuchtsvollen Namen UNTER DEN LINDEN führt, mit Schellenbaum und Trommeln, mit Stiefeln und mit Pfeifen, die Gesichter unter den Helmen unbewegt, und doch greift die Musik ans Herz, zack. In den Staub mit allen Feinden Brandenburgs, und jetzt im Exerzierschritt marsch, Stechschritt nannte man das früher. Der Stechschritt besteht darin, dass die Beine nach vorn geschleudert werden und kurz, bevor sie den Vordermann berühren, wieder zurückgerissen werden, dergestalt, dass für den neutralen Zuschauer der Eindruck entsteht, die Hinteren würden die Vorderen laufend in den Arsch treten, und aus lauter Angst vor körperlicher Berührung, die aber nie erfolgt, werde das Ganze in Bewegung gehalten. Vor dem Mahnmal gegen Faschismus und Militarismus, früher nannte man das klassizistische Gebäude die Neue Wache, dann war es ein Heldengedenkschrein für die Opfer des Ersten Weltkrieges, kommt die Menschenmaschine zum Stehen, ein paar Takte preussischer Musik, die Kommandostimme

Zurehrungderopferdesfaschismusundmilitarismus   Achtung
präsentiert   dasss   Gewerrrr

Die Gewehre tun wie befohlen, und auf einem Sockel vor dem Mahnmal vollführen zwei steife, tiefgefrorene Soldaten ihre Bewegung um die eigene Achse und um den andern herum, man sucht den Schlüssel im Rücken der Figuren, mit welchem sie aufgezogen wurden. Die Kinder unter den Zuschauern lachen. Wir stehen verloren bei dem Mahnmal und denken an Maurice, der ein Opfer des Faschismus und Militarismus war und die Armee verabscheut hat.
Hier wird auch an ihn erinnert.

Juristen II (Wiedergutmachung)

Landgericht Berlin, 1955:
«Das Leben Hitlers ist im Sinne der Vorschrift des Paragraphen 211 StGB in gleicher Weise als geschütztes Rechtsgut anzuerkennen wie das Leben eines jeden anderen Menschen. Es bestand auch kein die Handlung Bavauds rechtfertigender Grund. Ein Rechtfertigungsgrund im Sinne einer etwa erlaubten Diktatorentötung ist dem Strafrecht fremd und besteht auch im übrigen nicht. Gleichfalls lag kein gerechtfertigtes Handeln etwa aus übergesetzlichem Notrecht nach den von der Rechtssprechung entwickelten Grundsätzen der Güter- und Pflichtenabwägung vor. Massnahmen gegen Machthaber eines totalitären Regimes zur Änderung oder Wiederherstellung rechtsstaatlicher und demokratischer Staatsformen sind auf anderer Basis und von verantwortungsbewussten, ideentragenden Personenkreisen zu treffen; sie wirken sich allein auf staatsrechtlichem Gebiet aus und sind der strafrechtlichen Wertung unter Umständen entzogen. Im übrigen bleiben Handlungen, die gegen die Strafgesetze verstossen, ohne Rücksicht auf das hinter der Tat eines Einzelnen stehende und möglicherweise verständliche Motiv kriminelles Unrecht.»
So heisst es im Beschluss des Landgerichts Berlin (Moabit) vom 12. Dezember 1955 in Sachen Maurice Bavaud. Ein bundesrepublikanisches Gericht setzt rückwirkend Massstäbe für die Erlaubtheit von Attentaten. Zwar weiss man unterdessen – die Richter im Jahre 1939 waren noch nicht so weit – wie viele Opfer die vom Diktator entfesselte Politik gefordert hat; aber «sein Leben ist als geschütztes Rechtsgut anzuerkennen». Und «Massnahmen» dürfen nur von «verantwortungsbewussten, ideentragenden Personenkreisen» getroffen werden. Einzelgänger sind ausgeschlossen. Der Attentäter Elser, welcher ganz allein seine Bombe bastelte und damit den Diktator 1939 im Bürgerbräukeller nur um ein Haar verfehlte, hat nach diesen Kriterien ebenfalls «kriminelles Unrecht» begangen. Das Individu-

um, welches aus Gewissensgründen, ganz auf sich allein gestellt, seine einsame Tat begeht, wird nochmals vor die Richter zitiert, die Juristen erringen einen neuen Sieg. «Massnahmen» sind nur hochgestellten Persönlichkeiten gestattet, «verantwortungsbewussten, ideentragenden Personenkreisen»; je ideentragender, desto straffreier. Auf dieser gesellschaftlichen Höhe erst setzt «strafrechtliche Wertung» aus, unter Umständen. Immerhin wären also Stauffenberg und die Attentäter vom 20. Juli 1944 von diesem Gericht nicht mehr verurteilt worden.
Zu dem Wiedergutmachungsprozess war es so gekommen: Die Eidgenossenschaft, nachdem ihr Vertreter Frölicher 1939–1941 keinen Finger für den Attentäter gerührt hatte und die Familie Bavaud vom Politischen Departement nach Strich und Faden belogen worden war – was die Familie aber auch im Jahre 1955 nicht wusste; der Vater, der an den Staat glaubte, konnte sich nicht vorstellen, dass ihn die Behörden irregeführt hatten – die Eidgenossenschaft hat 1955 bei der Bundesrepublik einen Wiedergutmachungsprozess angestrengt. Ob dabei das schlechte Gewissen gegenüber der schamlos belogenen Familie eine Rolle spielte, oder ob sich das Politische Departement absichern wollte, indem es mit Geld die Ruhe vor weiteren Nachforschungen der Brüder und Schwestern erkaufte, ist nicht ganz klar. Der Vater hatte zwar schon längst resigniert und wollte von der Geschichte nichts mehr wissen; er musste sogar 1955 vom Politischen Departement mit einigen Künsten überredet werden, damit er seine Einwilligung für die Wiederaufnahme des Prozesses gab. Aber die Brüder und Schwestern konnten jederzeit Akteneinsicht verlangen, und es wäre schwierig gewesen, ihnen die Erlaubnis zu verweigern. Dann hätten sie aktenmässig belegen können, dass ihr Bruder und die Familie von den Behörden in peinlichster Weise im Stich gelassen worden sind, dass der Staat seine Pflichten gegenüber der Familie, welche ihre Pflichten gegenüber dem Staat immer treu erfüllte, verletzt hatte. Der Fall wäre in die Presse gekommen und nicht spurlos am Prestige des Politischen Departements vorbeigegangen; vielleicht hätte die Familie sogar Schadenersatz von der Eidgenossenschaft verlangt. Nun bot sich die Gelegenheit, bei der *Bundesrepublik* (im Rahmen des Wiedergutmachungsgesetzes) eine Summe lockerzumachen, die man der Familie über-

weisen konnte, und auf diese Art den Fall definitiv abzuschliessen und sich vor weiteren Nachfragen zu schützen. Die «Erklärung», welche der Familie 1956 vom Politischen Departement, zusammen mit Geld, geschickt wurde, präzisiert:

> Die Unterzeichneten erklären, dass sie, nach Erhalt von Frs. 40000.– keine Ansprüche mehr geltend machen werden, was die Haft und den Tod von Maurice Bavaud, gestorben in Berlin am 13. Mai 1941, betrifft. Sie betrachten diese Affäre als definitiv liquidiert, sobald die Summe von Frs. 40000.– an der folgenden Adresse eingetroffen sein wird.
> Kantonalbank Neuchâtel, Neuchâtel-Stadt.
> Die Unterzeichneten werden den Betrag von Frs. 40000.– unter sich aufteilen.

Die Erklärung, welche von allen Familienmitgliedern unterschrieben worden ist, präzisiert aber nicht, an *welche Behörde*, Bundesrepublik oder Schweiz, keine Ansprüche mehr geltend gemacht werden dürfen. Jean-Pierre Bavaud, ein Bruder von Maurice, erhielt dann auch 1978, als er Akteneinsicht verlangte, vorsorglich zuerst eine Kopie des Schriftstückes zugestellt ..., das er 1956, als ihm das ganze Ausmass des staatlichen Fehlverhaltens in Sachen Maurice Bavaud noch nicht bekannt war, unterschrieben hatte.

Um eine Abfindung lockerzumachen, musste zuerst der Prozess wieder aufgerollt werden; erst, wenn Maurice von einem Gericht der Bundesrepublik freigesprochen war, konnte Schadenersatz geleistet werden. *Deshalb* beantragte die Vertretung der Schweiz in Berlin ein Wiederaufnahmeverfahren.

In einem ersten Verfahren, 1955, wurde der tote Attentäter nochmals zu *fünf Jahren Zuchthaus und fünf Jahren Ehrenverlust verurteilt*; immerhin erging die Entscheidung *gerichtsgebührenfrei*. Man hatte, weil «das Leben Hitlers im Sinne der Vorschrift des Paragraphen 211 StGB in gleicher Weise als geschütztes Rechtsgut anzuerkennen war», nicht anders entscheiden können: «Der Antrag auf Aufhebung des Todesurteils des Volksgerichtshofs vom 18. 12. 1939 wird mit der Massgabe zurückgewiesen, dass der Verurteilte des versuchten Mordes schuldig ist und die gegen ihn verhängte Strafe auf 5 Jahre

Zuchthaus und 5 Jahre Ehrverlust zurückgeführt wird.» Vom Volksgerichtshof waren ihm die bürgerlichen Ehrenrechte auf *Lebenszeit* aberkannt worden; jetzt wurde der Tote immerhin zu fünf Jahren Ehrenrechtsaberkennung begnadigt.
Wie er die fünf Jahre Gefängnis absitzen sollte, wurde nicht näher erläutert.
«Bavaud hat», so fährt das Gericht fort, «sich im Falle Tribüne Heiliggeist-Kirche des versuchten Mordes schuldig gemacht. Er hat vorsätzlich und mit Überlegung versucht, einen Menschen zu töten (Paragraph 211, a. F. 43 StGB). Er war fest entschlossen, Hitler durch Erschiessen vorsätzlich zu töten und hat diesen Entschluss durch Handlungen bestätigt, welche einen Anfang der Ausführung des Tötungsdelikts darstellen. Der auf die Tötung gerichtete Wille Bavauds ist besonders dadurch, dass er sich in der vordersten Reihe der Tribüne mit der geladenen und schussbereiten Pistole in der Tasche aufstellte, in einer Handlung zutage getreten, die nach seinem Gesamtplan schon eine unmittelbare und ernstliche Gefährdung eines Menschenlebens bedeutet. Bavaud ging davon aus, dass er Hitler beim Vorbeimarsch des Erinnerungszuges von seinem günstigen Standort aus werde sicher treffen und töten können. Entgegen dieser festen Erwartung ist dann Hitler aber in einer Entfernung an Bavaud vorübergezogen, die dieser für die Anbringung eines sicheren Schusses als zu gross ansah. Sein Handeln erscheint jedoch schon in diesem Stadium und ohne dass es zum Abfeuern eines Schusses gekommen ist, wegen der engen Zusammengehörigkeit mit der Tatbestandshandlung des Tötens als deren Bestandteil und damit als ein Anfang der Ausführung und nicht als blosse – straflose – Vorbereitungshandlung.»
Ob die Juristen des Landgerichts Berlin-Moabit ihren eigenen Argumenten glaubten oder ob diese nur vorgebracht wurden, um der Bundesrepublik die Kosten von Frs. 40000.– zu ersparen, ist schwer auszumachen. Jedenfalls haben sie gründlich gearbeitet. Warum konnte die Strafe auf 5 Jahre Zuchthaus reduziert werden? «Da die Verurteilung durch den Volksgerichtshof nun nicht auf der allgemeinen strafrechtlichen Norm des § 211 StGB, sondern auf der nationalsozialistischen politischen Zweckvorschrift der Verordnung vom 28. Februar 1933 beruht, konnte sie gemäss § 1 Abs. 2 WGG im Schuld- und Straf-

ausspruch auf die allgemeine Rechtsnorm des § 211 a. F. StGB und auf ein gerechtes Strafmass zurückgeführt werden.»
Im Falle Braunes Haus und Haus des Führers, wo sich Bavaud mit dem gefälschten Empfehlungsschreiben Taittingers Zutritt in die Nähe von H. verschaffen wollte, kam das Landgericht zur Annahme, dass Bavaud nicht über eine Vorbereitungshandlung hinausgekommen war. «Das gleiche gilt für den Fall Empfehlungsschreiben Flandin. Hier hatte auch schon der Volksgerichtshof freigesprochen.» Man war gnädig und wollte nicht verurteilen, wo der Volksgerichtshof freigesprochen hatte; immerhin. Die Strafzumessung erfolgte «mit Rücksicht auf die zum Ausdruck gekommene selten hartnäckige Handlungsweise Bavauds einerseits», welche Hartnäckigkeit tatsächlich nicht bestritten werden kann. Über fünf Jahre Zuchthaus wollte man, «andrerseits», nicht hinausgehen, «in Anbetracht der Tatsache, dass der Täter noch sehr jung war».
Der Vertreter der Eidgenossenschaft legte Berufung ein, das Wiederaufnahmeverfahren des Landgerichts Berlin wurde wiederaufgenommen vom Kammergericht Berlin, und im Februar 1956 ist man zu andern Schlüssen gekommen. Bavaud stand jetzt bereits zum dritten Mal vor seinen Richtern. Auch dieses Gremium konnte nicht zugestehen, dass die Tötung des H. erlaubt gewesen wäre; es ging auf die Problematik der Diktatorentötung nicht ein. Um Bavaud freisprechen zu können und eventuelles Aufsehen in der Öffentlichkeit zu vermeiden – man legte Wert auf gute Beziehungen zur Schweiz, und der Bundesjustizminister hatte einen Wink gegeben – wurde jetzt beschlossen, dass «noch keine unmittelbare Verwirklichung seines Zieles der Tötung Hitlers» vorgelegen habe. «Dazu hätte es noch weiterer Einzelakte bedurft, nämlich des Ergreifens der noch in der Tasche befindlichen Pistole und ihres Anlegens auf den zu Tötenden». Aus politischen Gründen wurde jetzt das Todesurteil, welches 1939 aus politischen Gründen ergangen war, ohne Wenn und Aber aufgehoben und keine Freiheitsstrafe mehr ausgesprochen. Die Politik hatte sich geändert, und die Juristen mit ihr.
Die 40000 Franken wurden dem Politischen Departement überwiesen, welches sie an die Familie überwies, welche bestätigen musste, dass damit «diese Affäre definitiv liquidiert sei».

> Déclaration
>
> Les soussignés,
>
> Monsieur Alfred BAVAUD, né en 1890,
> Madame Helena Bertha BAVAUD née STEINER, née en 1890,
> son épouse,
>
> leurs enfants:
>
> Monsieur Jean-Pierre BAVAUD, né en 1917,
> Madame Hélène Antoinette DELLEY-BAVAUD, née en 1919,
> Madame Marie-Louise DELLEY-BAVAUD, née en 1921,
> Madame Valentine Colette TAVERNEY-BAVAUD, née en 1926,
> Monsieur Adrien BAVAUD, né en 1928,
>
> déclarent qu'après avoir reçu la somme de francs 40'000.-- ils n'auront plus aucune prétention à faire valoir à la suite de l'incarcération et de la mort de Monsieur Maurice BAVAUD, né le 15 janvier 1916, décédé à Berlin le 13 mai 1941. Ils considéreront cette affaire comme définitivement liquidée dès que la somme de francs 40'000.-- aura été versée à l'adresse suivante en Suisse:
>
> à la Banque Cantonale Neuchâteloise
> à Neuchâtel même.
>
> Les soussignés procéderont à la répartition entre eux du montant de francs 40'000.--.

Einer wurde liquidiert. Dann wird ein bisschen Geld flüssig gemacht (liquid), und die Erinnerung ist liquidiert.

Vom Gesandten Frölicher, der Bavaud im Gefängnis verkommen liess, wurde nie Rechenschaft verlangt. Er ist 1961 in aller Ruhe gestorben, nachdem er lange Jahre das Leben eines Landedelmannes auf Schloss Ursellen (BE) geführt hatte.

Die Familie Bavaud hat ihn nie besucht.

Jean-Pierre Bavaud sagt: Wenn man heute die Herren im Politischen Departement wegen der Affäre von Maurice anspricht, so heisst es nur: Die Sache ist erledigt, wir haben bezahlt, Sie wissen doch, wir haben bezahlt.

Nachwort

Bavaud und seine Historiker

Über Bavaud ist zu der Zeit, als ihm das Schreiben noch geholfen hätte, nichts geschrieben worden. Der Fall ist im gegenseitigen Einvernehmen der deutschen und schweizerischen Behörden totgeschwiegen worden. Die Familie Bavaud kannte keine Journalisten, die man für den Fall interessieren konnte, und der Vater hätte es vermutlich auch nicht gewagt, ohne Einwilligung des Politischen Departements etwas in die Presse zu bringen. Ein Journalist, der sich mit der Affäre beschäftigt hätte, wäre für Frölicher immerhin ein unbequemer Mit-Wisser gewesen; und schon die Gewissheit, dass damals seine Passivität in Sachen Bavaud publik werden könnte, hätte vermutlich den schweizerischen Gesandten zu einem andern Verhalten motiviert, bevor noch die erste Zeile in die Presse gekommen wäre.
Den ersten Bericht über Bavaud hat sein Verteidiger Franz Wallau 1948 in der «Sie und Er» geschrieben. Der kurze Artikel ist von der Öffentlichkeit kaum zur Kenntnis genommen worden. 1955 wurde in deutschen, deutsch-schweizerischen und welsch-schweizerischen Zeitungen im Zusammenhang mit der Wiedergutmachung auf knappem Raum über die Affäre berichtet. 1975 ist dann die erste wissenschaftliche Abhandlung erschienen, «Maurice Bavauds Attempt to Assassinate Hitler in 1938» von Peter Hoffmann, dem bekannten deutsch-kanadischen Historiker und Widerstands-Spezialisten. Hier wurde auf 31 Seiten das Wesentliche zusammengefasst. Hoffmann hat alle verfügbaren Quellen aus schweizerischen und deutschen Archiven eingesehen, Erkundigungen bei der Familie, Lehrern und Mitschülern eingezogen und die wichtigsten Fakten verarbeitet. Er hat auch als einer der ersten Einsicht in das Bavaud-Dossier des Politischen Departements in Bern gehabt. Sein Bericht ist trocken-präzis und hütet sich, insbesondere was die Motivation von Bavaud anbelangt, vor eilfertigen und phantasmagorischen Schlussfolgerungen und ausgeflippten Erklärungsversuchen.
1976 hat schliesslich Rolf Hochhuth in seiner Dankrede für den Basler Kunstpreis den Attentäter einer breiteren Öffentlichkeit vorgestellt. Auch Hochhuth hatte alle wichtigen Akten gesehen. (Im Unterschied zu Hoffmann ist er auf die Hintergründe von Saint-Ilan nicht eingegangen.) 1979 veröffentlichte er die Dankrede, samt Anklageschrift

und Urteilsbegründung im Wortlaut und weiteren Akten, in seinem
«Tell 38». Ausserdem war eine temperamentvolle Abrechnung mit
dem Historiker Urner in dieser Publikation enthalten.
Was die Bild-Dokumente anbetrifft, so hatte der welsch-schweizerische Journalist Raymond Zoller einiges Material von der Familie Bavaud erhalten, das er im Dezember 1976, zusammen mit einem etwas süsslichen Artikel, in der «Illustré» veröffentlichte.
1977 haben Villi Hermann, Hans Stürm und ich mit der Familie Kontakt aufgenommen. Der Vater war unterdessen gestorben, und die Geschwister wurden von allerhand Journalisten und Historikern bedrängt. Weil der Familie die historisch-dokumentarische Methode im Film über den Landesverräter Ernst S. eingeleuchtet hatte, arbeitete sie mit uns zusammen (lange Gespräche mit den Geschwistern) und machte uns alle Dokumente aus ihrem Besitz zugänglich. Mit ihrer Einwilligung durften wir auch als erste die Akten des Wiedergutmachungsprozesses im Politischen Departement einsehen und für Film und Buch benützen. Wir sind ihnen dafür sehr dankbar. Der Historiker Peter Hoffmann hat sich mit uns, auch ihm möchten wir hier danken, in einem längeren Gespräch über Bavaud unterhalten und wertvolles Adressmaterial und andere Unterlagen zur Verfügung gestellt.

* * *

Nach diesen Studien können 1980 in einem Buch über Bavaud nicht mehr sehr viele unbekannte Dokumente ausgebreitet werden. Dass man über alle mündlichen Auskünfte und alle Akten verfügt (Bern, Koblenz, Potsdam, Saint-Ilan, Bonn, Familie Bavaud), bevor man zu schreiben anfängt, ist selbstverständlich: Die eigentliche Erinnerungsarbeit kann dann beginnen. Mich hat Bavaud gefangengenommen, weil ich sein Milieu zu kennen glaube. Vieles in seiner Biographie ist nur verständlich, so scheint mir, wenn man eine lebendige Vorstellung vom Hintergrund hat. Nachdenken, mit Hilfe der Akten und übrigen Auskünfte, und nachfühlen mit Hilfe der eigenen Erfahrung. Ich komme, wie Bavaud, aus einer katholischen Familie mit 6 Kindern, mein Vater war Bankbeamter. Einer von meinen beiden Brüdern ist «in die Mission gegangen», wie man zu sagen pflegte. Ich selbst habe fünf Jahre lang ein Internat über mich ergehen lassen, eine sogenannte Klosterschule. Dort regierte fast genau dieselbe Hausordnung wie in Saint-Ilan zu Bavauds Zeiten, die gleichen lateinischen Gebete/Gesänge herrschten und beherrschten uns, dieselben Ängste und Freuden wa-

ren an der Tagesordnung, Beichte, Kommunion, Messe, Maiandacht, Vesper; alles glich sich in der alten, vorkonziliären katholischen Kirche aufs Haar. Das obligatorische Kindheitsmuster der aufsteigenden Katholiken.
Auch die Einstellung meines Vaters zu den Behörden und den Mächtigen war genau dieselbe wie bei Vater Bavaud. Man glaubte und vertraute dem Staat; man musste. Man war nicht der Staat. Die Katholiken als Minderheit, nicht nur in Neuchâtel, sondern gesamtschweizerisch. Nachdem der liberale Staat ohne oder gegen die Katholiken geschaffen worden war (Sonderbundskrieg etc.), wollte man beweisen, dass man ebenso staatstreu war wie die Protestanten. Kein Zweifel an der Integrität der Behörden, kein Hinterfragen der Macht. Die Wirtschaft war protestantisch (liberal), jedenfalls das meiste davon, hier konnte man nur aufschauen, so weit würde man es nicht bringen oder erst drei, vier Generationen später.

* * *

Am 1., 5. und 7. Juli 1978 erschienen in der «Neuen Zürcher Zeitung» drei lange Artikel über Maurice Bavaud, verfasst vom Historiker Klaus Urner. Bavaud wurde in dieser Artikelserie als Versager dargestellt, dem es nicht gelungen war, einen ordentlichen Beruf ordentlich auszuüben. Als technischer Zeichner hatte er keine Anstellung gefunden, zum Missionars-Lehrling taugte er nicht (über die Arbeitsverhältnisse in der FAVAG schrieb Urner nichts, und die Zustände in Saint-Ilan, wo er noch nie recherchiert hatte, kamen nicht zur Sprache). Zu den Gutterers nach Baden-Baden war Bavaud, laut Urner, vor allem deshalb gereist, um Arbeit zu finden, «und als dieser letzte Versuch, im Leben Fuss zu fassen, misslungen war», entschloss er sich (vermutlich aus Langeweile?) zum Attentat. Die Pistole bei Bürgin hatte er gekauft, um aus Verzweiflung Selbstmord zu machen, weil er keine Arbeit gefunden hatte; etc. etc. In Saint-Ilan war ihm der Antisemitismus beigebracht worden, und seinem Freund Gerbohay hatte er voll vertraut, einen eigenen Willen nicht gehabt. Ausserdem war er «schon Antisemit, lange bevor ihm der Plan zur Ermordung Hitlers suggeriert wurde». Antisemit war er nämlich deshalb gewesen, weil er im Alter von 19 Jahren genau 6 Monate lang der rechtsextremen Gruppe «Front National» angehört hatte ...
Es erübrigt sich, auf die schludrigen Artikel näher einzugehen. Sie waren, mit Ausnahme eines sehr kurzen Gesprächs mit Vater Bavaud, das

der Historiker vor Jahren geführt hatte, ausschliesslich auf deutschen und schweizerischen *Akten* aufgebaut. Mündliche Quellen hatte Urner zu dieser Zeit noch nicht angebohrt. Weil die Serie aber in einer Zeitung, die als seriös gilt, erschienen war, wurde das Bavaud-Bild in der Öffentlichkeit nicht wenig von ihr geprägt. Was neu an diesen Artikeln war, d. h., was über die gesicherten Erkenntnisse des seriösen Historikers Peter Hoffmann hinausging, war nicht gut, und was gut war, war nicht neu. Peter Hoffmann hat sich denn auch in einem Brief an Luchsinger, den Chefredaktor des renommierten Blattes, über die schlechte Popularisierung seiner eigenen Bavaud-Forschungen durch Klaus Urner gewundert.

Als die Artikelserie erschien, waren wir gerade von unserer ersten bretonischen Expedition (nach Saint-Ilan und la Touche-Milon) zurückgekehrt und wunderten uns sehr; unter anderem darüber, wie ein Historiker, der Saint-Ilan nicht kannte, nie dort gewesen, mit keinem Mitschüler oder Lehrer von Bavaud und Gerbohay gesprochen oder korrespondiert hatte, behaupten durfte, in der Kongregation vom Heiligen Geist sei der Antisemitismus virulent gewesen. Es gibt dafür nicht die Spur eines Beweises. Das macht aber nichts; es stand so in der NZZ, und darum ist es die Wahrheit.

Später hat man erfahren, aus den Verlagsmitteilungen von Huber, Frauenfeld, dass Urner ein Buch über Bavaud herausbringen werde. Es wurde zweimal angekündigt, erschien aber nicht. Endlich, im Mai 1980, besprach DER SPIEGEL (Nr. 18/1980) das Buch, welches noch nicht erschienen war und bis heute, Mitte Oktober 1980, immer noch nicht erschienen, d. h. in keiner Buchhandlung greifbar ist. DER SPIEGEL hatte als einziges Organ das Manuskript erhalten und sofort zugeschlagen, und man erfuhr jetzt, dass Bavaud und Gerbohay an einer geheimnisvollen psychischen Krankheit, dem «Wahn zu zweit» (Folie à deux) gelitten haben, laut Urner.

Darauf haben wir uns, wie andere Journalisten auch*, im Spätsommer 1980 die Druckfahnen von Urners Buch beschafft. Die neuesten Nachrichten aus dem Hause Huber, Frauenfeld, besagen zwar nun, dass Urner nochmals alles überarbeite, vielleicht also auch die Theorie von der «Folie à deux»; deshalb sei das Buch erst vor Weihnachten in den Buchhandlungen zu erwarten. Falls Urner seine Theorie von der «Folie à deux» fallenlässt, hat er fahrlässig gehandelt, als er dem SPIEGEL, welcher die Sache in seiner Riesenauflage auf den Markt brachte, das Manuskript überliess.

---

* Franck Jotterand hat das Buch am 9./10. August in «24 heures» ausführlich besprochen.

Kapitel II, 6 ist bei Urner überschrieben mit «Geteilter Wahn». Ein Fragezeichen steht nicht hinter dieser Überschrift. Urner stellt also seine Theorie als gesicherte Tatsache, nicht als entfernte Möglichkeit dar. Bavaud war vom Abstammungswahn des Gerbohay angesteckt, laut Urner, hat an die Zarenbruderabstammung seines Freundes geglaubt, obwohl dieser selbst in seinem Glauben schwankend war. Mit der «Folie à deux» verhält es sich nämlich im allgemeinen so: Von zwei Menschen, die eng miteinander zusammenleben, wird der eine von einer Psychose befallen, welche auf seinen Partner übergreift (eine Frau glaubt beispielsweise felsenfest, dass das einsame Gehöft, in welchem sie mit ihrem Mann lebt, von bewaffneten Banditen belauert wird, welche nur darauf warten, ihr eins auf den Pelz zu brennen, sobald sie den Kopf aus einem Fenster streckt; nach einer gewissen Zeit glaubt ihr Mann das auch, obwohl keine Anzeichen für die Anwesenheit von Banditen vorhanden sind). Als bedeutenden Spezialisten für die «Folie à deux» zitiert Urner zu Recht den Zürcher Professor und Arzt am Burghölzli, Dr. Christian Scharfetter, welcher eine «massgebende Arbeit über die symbiotischen Psychosen» geschrieben hat.* Urner hat es leider unterlassen, ihm die Unterlagen zum Fall Gerbohay/Bavaud zu bringen.
Wir haben das für ihn nachgeholt.
Professor Scharfetter ist, nach Einsicht in die Gerbohay- und Bavaud-Akten zu folgendem Schluss gekommen in seinem Brief vom 16. September 1980 (Wir haben ihm auch die Resultate unserer Enquête in der Bretagne unterbreitet):

> Sehr geehrter Herr Meienberg,
> Gerne fasse ich Ihnen unsere ausführliche mündliche Erörterung und Überlegung zu dem Fall Bavaud und im speziellen zur Frage, ob es sich hier um eine «folie à deux» handeln könnte, noch kurz schriftlich zusammen. Ich habe die Akten, die sie mir zur Verfügung gestellt haben, gelesen. Zur Person des psychiatrischen Gutachters Prof. Dr. Müller-Hess, so wie sie sich in den Akten spiegelt, kann man nur sagen, dass er offensichtlich ein psychiatrisch gut ausgebildeter und erfahrener und in seinem Urteil ausgewogener und vertrauenserweckender Mann gewesen ist.
> (...)
> Ich finde keinerlei Hinweis auf eine psychische Störung, schon gar nicht auf eine Psychose bei Bavaud. Schon deshalb kommt die

---
* Christian Scharfetter, Symbiotische Psychosen, Bern 1970

Frage einer «folie à deux», eines induzierten Irreseins überhaupt nicht in Betracht. Denn das wesentliche Kriterium wäre ja dann auch, dass man bei Bavaud eine psychische Störung vom Ausmass einer «Folie», einer Psychose nachweisen könnte. Das lässt sich aber überhaupt nicht belegen. Etwas unklarer ist die Aktenlage bezüglich Gerbohay. Nach den mir vorliegenden Unterlagen könnte ich keinesfalls die Diagnose einer Psychose ableiten. Es handelt sich um einen jungen Mann, der in einer krisenhaften Adoleszenzzeit im Priesterseminar in einer politisch bewegten Zeit Phantasien entwickelt und sich vielleicht auch zum Teil in solche Phantasien im Sinne eines ernst werdenden Spieles hineingesteigert hat, vielleicht auch in einer Art Pseudologie diese Phantasien zur Wirklichkeit seines Lebens hochstilisierte, die nicht eindeutig psychotischen Charakter haben. Es fehlt also auch hier ein klarer Hinweis darauf, dass der ins Auge gefasste Induktor oder Induzent einer «folie à deux», nämlich Gerbohay, psychotisch gewesen sein könnte. Damit will ich nicht abstreiten, dass er nicht in mancher Hinsicht als Seminarzögling und Adoleszent und auf Grund seiner Vorgeschichte auffällig gewesen sein könnte. Bavaud handelt aus eigenem Impuls, wobei es durchaus möglich gewesen sein könnte, dass er zu diesem Entschluss durch den Zeitgeist und auch durch den Seminargeist und durch seinen Freund Gerbohay mit veranlasst worden sein könnte. Er hält an diesem Entschluss fest auch dann, als er längere Zeit ohne jede Verbindung mit Gerbohay ist. Auch das mag ein Argument gegen die Annahme eines induzierten Irreseins sein. Auch die Art wie Bavaud nach dem Misslingen seines Attentates aufgibt und sich in den Zug nach Paris zurück begibt, ist meines Erachtens eher ein Argument dagegen, dass er aus sonst verborgen gebliebenen psychotischen Motiven gehandelt haben könnte.

Zusammenfassend komme ich also zur Feststellung, dass ich keinen überzeugenden Hinweis dafür gefunden habe, dass bei Bavaud eine psychische Störung vom Ausmass einer Psychose und im besonderen eine «folie à deux» vorgelegen haben könnte. Im Gegenteil finde ich keine Argumente für die Annahme einer Geistesstörung bei Bavaud. Hingegen mag die enge Verbingung von schwärmerischen Jugendlichen im Seminar und die politische Aktivität ihrer Kleingruppe allenfalls mitgewirkt haben, dass Bavaud den Entschluss zum Attentat fasste und dann auch an den Versuch des Attentats ging. Nach den Akten ist auch eine Psychose bei Gerbohay, dem angeschuldigten Anstifter, nicht bewiesen. Ich danke Ihnen für die Einsicht in ein zeitgeschichtlich und menschlich so interessantes Dokument und für Ihr Interesse an meiner Stellungnahme und grüsse Sie

freundlich
Ch. Scharfetter
Prof. Dr. med.

Wie kommt Urner zu seiner «Folie à deux»? Ganz einfach: Er nimmt an, dass Bavaud im Verhör, als er erzählte, Gerbohay habe ihn mit seiner Zaren-Geschichte zum Attentat motiviert, die pure Wahrheit sagte (und nicht etwa eine Schutz-Behauptung aufstellte, um die Verantwortung von sich abzuwälzen). Hätte Bavaud diese Geschichte wirklich geglaubt, hätte er ausserdem geglaubt, durch die Beseitigung des Führers würde die Thronbesteigung von Gerbohay im wieder zaristisch gewordenen Russland in den Bereich der Möglichkeiten rücken – dann wäre Bavaud wirklich im höchsten Grade verrückt gewesen. Auch wenn er geglaubt hätte, der Zettel mit Gerbohay's sogenannter Schutzerklärung («Cet homme est sous ma protection...») könnte ihn vor Verhaftung, Kerker und Tod schützen, resp. dieser Fetzen Papier würde ihn aus dem Gefängnis befreien, wäre er verrückt gewesen. (Der Zettel stammte tatsächlich von Gerbohay. Solche Botschaften wurden zwischen Internatsschülern nicht ungern ausgetauscht. Sie bedeuteten aber nicht, dass man sich davon einen allmächtigen Schutz versprach.)
Was den «Antisemitismus» und den «Rechtsextremismus» von Bavaud anbetrifft, so ist Urner in seinem Buch seit den NZZ-Artikeln etwas vorsichtiger geworden, er versieht jetzt die entsprechende Kapitelüberschrift mit einem Fragezeichen, und in Saint-Ilan, so schreibt er nun, sei von antisemitischer Beeinflussung nichts zu spüren gewesen. Er lässt sich seitenlang über den Einfluss des «Front National» und der rechtsextremistischen «Action Française» in Neuchâtel aus. Nun steht zwar in den Akten, dass Bavaud 6 Monate lang Mitglied des «Front National» war, den er aber, weil zu deutschfreundlich, sehr bald wieder verlassen hat. Die «Action française» hat er auch gelesen, nur weiss man nicht, ob er das tat, um den Vater politisch ein bisschen zu ärgern, oder aus politischer Überzeugung (vgl. das Kapitel «Heimat»). Andrerseits ist von Bavaud auch überliefert, dass er viel länger, als er im «Front National» war, nämlich jahrelang, ein Pazifist und überzeugter Anhänger von Gandhi gewesen ist. Die Gandhi-Verehrung hat Konsequenzen gehabt; Bavaud wurde Antimilitarist und wollte nicht in die Rekrutenschule. Man könnte also ebensogut seitenlang über «Bavaud und Gandhi» referieren. Das tut Urner aber nicht, er streift die Sache nur ganz kurz, sie passt nicht in sein Bild vom Rechtsextremisten und Antisemiten. Antisemit war Bavaud, laut Urner, auch deshalb, weil er auf

Gerbohay gesetzt hatte, welcher den Bolschewismus und das Judentum in Russland ausrotten wollte...
Auch über die Ideologie der sozialistischen Zeitung «La Sentinelle», welche Bavaud, nebst andern Blättern, gelesen hat, könnte man referieren, und ihren Einfluss auf Bavaud untersuchen; wie man auch die Tatsache, dass Bavaud einmal zu Hause die «Internationale» anstimmte, wissenschaftlich durchleuchten könnte. Einfacher wäre es allerdings, wenn man dem jungen Mann zugutehalten würde, dass er keine ausgereifte Ideologie besessen, sondern ganz verschiedene Elemente aufgenommen und wieder ausgeschieden hat, wie es seinem Alter entsprach. Immerhin konnte man, so sagen übereinstimmend seine Geschwister, eine Grundstimmung bei ihm ausmachen: Abscheu gegen politische Brutalität, Machtmissbrauch, Machtkonzentration, Mitgefühl für die Armen, Schwachen und Verfolgten; und deshalb nannte man ihn «le Pacifique», den Friedfertigen. All das ist mit ernsthaftem Antisemitismus nicht zu vereinbaren. Die Brutalität der deutschen Variante war unterdessen auch in der Schweiz bekannt.
Urner musste noch aus einem andern Grund seine Theorie von der «Folie à deux» erfinden, beziehungsweise dran glauben, dass Bavaud verrückt gewesen sei. Als er nämlich 1938 von Saint-Ilan zurückkehrte, hat Bavaud sich mit dem Studium der russischen Sprache zu beschäftigen begonnen, soviel ist durch seine Geschwister überliefert. Weshalb Russisch? Weil Bavaud dran glaubte – so glaubt Urner –, dass nach der Thronbesteigung von Gerbohay ein wichtiger Posten im neuzaristischen Russland auf ihn warte, politische Macht im restaurierten Zarenreich, Ministerportefeuille oder so. Auch in diesem Fall wäre Bavaud natürlich verrückt gewesen, fou, folie, folie à deux. Nur gab es für den Bewunderer der russischen Klassiker noch einen andern Grund, russisch zu lernen: er wollte seine Lieblingsbücher im Urtext lesen.
Von Urner werden überdies noch zwei Bavaud-Texte als «Beweis» für seinen Antisemitismus herangezogen. Der erste ist ein Brief, mit welchem Bavaud, kurz vor seiner Deutschland-Reise, den nationalsozialistischen «Weltdienst» aus Erfurt abonnierte, und worin er schrieb, es gebe «auch in der Welschschweiz noch einige ehrbare Leute, die gegen die Machenschaften von Juda kämpfen». Bavaud hatte das Blatt offensichtlich bestellt, um den nationalsozialistischen Jargon besser kennenzulernen, den er dann in Deutschland sehr erfolgreich benützte, um seine Attentatspläne zu tarnen. Der Brief wurde von der Gestapo prompt beim Verlag des «Weltdienst» aufgestöbert. Bavaud mag ihn auch im Hinblick auf eine Verhaftung, mit welcher er zum vornherein rechnen musste, geschrieben haben, und sich eine Tarnung von ihm

erhofft haben. Für Urner jedoch kommt hier der authentische Antisemitismus von Bavaud zum Ausdruck ...
Der zweite Text ist lateinisch und von Bavaud auf der Schreibmaschine, mit welcher er auch das gefälschte Empfehlungsschreiben in München verfasste, hergestellt worden, kurz nach der Kristallnacht am Abend des 11. November 1938. Der Text fängt an mit «De Judaeis» und lautet in deutscher Uebersetzung: «Die Juden sind das Uebel der Welt. ‹Wehe den Juden!› riefen die Römer im jüdischen Kriege unter den Imperatoren Titus und Vespasian aus. Dies war das erste Pogrom. Josefus erzählt, dass sämtliche Juden getötet worden seien und Jerusalem gänzlich zerstört worden sei. Gold und Geld hatten die Juden innerhalb der römischen Welt immer in grosser Menge. Die Römer konnten niemals die verderblichen Kräfte der Juden vernichten. Die Christen aber ...»
Wir haben diesen Text dem ehemaligen Lateinlehrer von Gerbohay, de Cambourg, gezeigt. Er war über das Latein-Niveau seiner Zöglinge gut unterrichtet und meinte, Bavaud habe diesen Text (nach drei Jahren Latein-Unterricht) nicht selber verfassen können, es handle sich höchstwahrscheinlich um ein Zitat aus dem damals gebräuchlichen Lateinlehrbuch; solche *Beschreibungen* des Antisemitismus, zurückgehend auf Josephus Flavius, seien gebräuchlich gewesen. Dass Bavaud eine derartige Textstelle, nachdem er die Verwüstungen der Reichskristallnacht gesehen hat, reflexartig in den Sinn gekommen ist, wäre also nicht überraschend; einen Hinweis auf seine *persönlichen Überzeugungen* geben die Sätze nicht her, und schon gar keinen Beweis, wie Urner meint, für seinen Antisemitismus.
Aber wenn man eine fixe Idee hat, müssen alle Dokumente gepresst und ausgepresst werden, bis sie *den* Sinn hergeben, welchen unser Historiker aus ihnen destillieren möchte. Das nennt man dann Wissenschaftlichkeit. Weil all das in einem dicken Buch, mit Hunderten von Anmerkungen und einem ungemein schönen Literaturverzeichnis gespickt, enthalten ist, werden es andere Wissenschaftler, die für Stoffhuberei anfällig sind, auch wirklich glauben. Staub wird Staub gebären, und was im wissenschaftlich-akademischen Jargon geschrieben ist, wird auf ewige Zeiten als Wahrheit tradiert werden. Ein besonders eindrückliches Beispiel dafür (man könnte viele weitere aufzählen) ist der Pistolenkauf beim Waffenhändler Bürgin in Urners Beschreibung. Da heisst es nämlich, Bavaud habe, nachdem er die Waffe erstanden hatte, im Schiesskeller des Waffengeschäfts Schiessübungen vorgenommen, die Kunden hätten dort immer üben können; «eine besondere Dienstleistung des Waffengeschäfts Bürgin».
Woher weiss Urner von diesen unterirdischen Schiessübungen? Der

Sohn des Waffenhändlers Bürgin, welcher Bavaud damals die Pistole verkaufte, hat es ihm mitgeteilt.
Wann?
Nachdem wir mit unserm Bavaud-Darsteller Roger Jendly bei Bürgin Schiessübungen im Keller vorgenommen hatten. Als wir jedoch mit Bürgin zum ersten Mal über Bavaud sprachen, hatte sich der keineswegs vergessliche Waffenhändler an nichts erinnern können; sein Vater hat ihm nie etwas vom Pistolenkauf erzählt. Diese geschäftliche Transaktion hat in seiner Erinnerung keine Spuren hinterlassen. Nachdem Roger Jendly aber im Keller geschossen hatte, überlagerte die Erinnerung an dieses Schiessen die historische Wirklichkeit, nun war es plötzlich der wirkliche Bavaud von 1938, und nicht sein Darsteller von 1979, der Schiessübungen veranstaltet hat, und diese Version hat Bürgin sodann unserm wackeren Historiker mitgeteilt, der sie in seinem Buch – «besondere Dienstleistung Bürgins» – für ewige Zeiten aufbewahrt.
Wenn Bavaud verrückt war, dann ist auch der Attentatsversuch verrückt und lächerlich. Urner hat keine eigenen Erhebungen darüber angestellt, wie nahe ein Attentäter an den Führer herankommen konnte. Wenn ein Historiker diesbezüglich zu Schlüssen kommt, die Urner nicht ins Konzept passen, tut er sie mit einem Satz ab. Der amerikanische Historiker Herbert Molloy Mason z. B. schreibt in seinem Buch «The Attempts on the Life of Adolf Hitler» (London 1979), das riesige Sperrgebiet rings um des Führers Berghof in Berchtesgaden sei zu keiner Zeit von mehr als vierzig SS-Wachen gleichzeitig bewacht gewesen, und es hätte genügt, ein Loch in den durch unübersichtliches Gelände führenden Drahtzaun zu schneiden (der nicht elektrisch geladen war), um Zutritt in dieses Gebiet zu bekommen. «Ganz so einfach war das nicht», schreibt Urner kurzerhand. Kein Wort auch über die Touristengruppen, die nach der Einführung des Sperrbezirks (1936) immer noch sporadisch zum Berghof pilgerten, wenn auch viel seltener als in den ersten Jahren des Dritten Reichs; und kein Wort über des Diktators Neigung, sich in Berchtesgaden unten hin und wieder dem Volk zu zeigen. Die Angst des Führers vor Bavaud und Attentätern seines Schlags? Pure Einbildung; Urner weiss, dass die Angst nur vorgetäuscht war, er weiss besser, was der Diktator *wirklich* dachte, als dieser selbst.
Ueber die Möglichkeiten, im Münchner «Braunen Haus» und im «Haus des Führers» an den Mann heranzukommen, hat Urner ebenfalls nicht recherchiert. Die deutschen Behörden sind zwar der Ansicht gewesen, Bavaud hätte im «Deutschen Haus», auch wenn er nicht zum Führer persönlich vorgelassen worden sei, ihm doch auf einem Korridor begegnen und einen Schuss abgeben können; aber will die Deut-

schen immer so übertreiben und die Attentats-Gefahr – laut Urner –
nur in ihrer Einbildung bestand, entfällt auch diese Möglichkeit.
Die Akten sprechen eine andere Sprache, wenn man sie aufmerksam
liest. Die Richter scheinen einen echten Schrecken vor diesem Attentäter, dem so viele Täuschungsmanöver in kurzer Zeit gelangen, empfunden zu haben. Und sie mögen sich ausgerechnet haben, was ein gut
trainierter Schütze mit einem grösseren Kaliber hätte ausrichten können. Die Geschichte von Maurice Bavaud beweist nicht, wie lächerlich
sein Plan war, sondern wie unglaublich nahe ein unerfahrener, aber
entschlossener Attentäter 1938 an sein Ziel in kürzester Zeit herangekommen ist.
Über den Zugang zum «Braunen Haus» schrieb mir Kurt Gschwend,
der 1941 den Diktator im Bahnhof von Augsburg aus der Nähe sah:

> «Ich bin dem Gangster zweimal begegnet. Das erste Mal in München im Braunen Haus. Das war im Frühjahr 1934. Da war ich
> noch nicht ganz acht Jahre alt und war zu Besuch bei Verwandten
> in München. Mein etwas älterer Vetter machte den Vorschlag,
> den «Führer» zu besuchen, und das klappte insofern, als wir von
> einem freundlichen SS-Mann in die Kantine geleitet wurden, wo
> der «Führer» zu Mittag speiste. Mein Vetter Karl und ich sassen
> am Tisch gleich nebenan und bekamen auch irgend etwas. Karlchen hatte sehr betont, sein Vetter Kurt sei «extra» aus der
> Schweiz hergereist, was so ziemlich gelogen war. Nach dem Essen hat sich der Herr H. sehr freundlich von uns verabschiedet.
> Nun, damals wäre mir der Gedanke an ein Attentat nicht in den
> Sinn gekommen. Ein solches wäre mir auch als (unwissentlicher)
> Träger eines Sprengsatzes nicht gelungen, nachdem mich die Wache am Eingang so freundlich auf den Arm genommen – und abgetastet hatte ... (Brief vom 2. Oktober 1980)

Bavaud war bei seinem Eintritt ins «Braune Haus» nicht abgetastet
und nicht nach den Personalpapieren gefragt worden. «Meine Schilderung belegt in keiner Weise, dass es *leichterhand* möglich gewesen wäre, A. H. zu ermorden», schliesst Kurt Geschwend seinen Brief. Das
würde auch kein vernünftiger Historiker behaupten wollen. Aber man
wird feststellen dürfen, dass der Diktator sich bis 1939 relativ frei bewegte, verglichen mit unseren zeitgenössischen Staatsmännern der
westlichen Demokratien im Jahre 1980. Und dass die Fahndungs- und
Überwachungssysteme und die Personenerfassung weniger lückenlos
funktionierten als heute.

***

Ueber den Verteidiger Dr. Franz Wallau, der Berufsverbot und Gefängnis in Kauf nahm, weil er sich mutig für Bavaud eingesetzt hat, schreibt Urner: «Für eigene Abklärungen standen ihm weder Zeit noch Mittel zur Verfügung.» Sonst wäre er, lässt unser Historiker durchblicken, auch auf die Krankheit von Bavaud gestossen. Mit welchem Recht kann so etwas behauptet werden? (Wallau ist gestorben, Notizen oder Akten über Bavaud hat er nicht hinterlassen, auch bei seiner Witwe ist nichts zu finden.) Man darf im Gegenteil annehmen, dass ein Anwalt, der immerhin seine Karriere riskierte für den Klienten, noch dem geringsten Hinweis auf verminderte Zurechnungsfähigkeit nachgegangen wäre, um ihn zu retten. Einen solchen Hinweis konnte aber auch der integre Psychiater Dr. Müller-Hess nicht finden. Dieser muss nun rückwirkend zu einem nazihörigen Instrument erklärt werden, um die These von Urner zu stützen (= Bavaud war verrückt, Müller-Hess hat diese Tatsache geflissentlich übersehen, um mit der Justizmaschine nicht in Konflikt zu kommen; es war schwieriger, einen Verrückten zu töten als einen Normalen). Und Dr. Wallau «hatte weder Zeit noch Mittel für eigene Abklärungen». Für beide Behauptungen liefert Urner keinen Beweis.
Ähnlich verfährt er mit den mündlichen und schriftlichen Quellen aus dem Internatsleben. Hier mussten nun alle Stellungnahmen von Mitschülern und Lehrern auf die Abhängigkeitsthese zugeschnitten werden, wenn sich Urner nicht selbst desavouieren, bzw. seiner Artikelserie in der NZZ widersprechen wollte. Alles wird jetzt dazu benutzt, um die These, welche Urner seinerzeit ausschliesslich den Nazi-Dokumenten entnommen hatte (= Anklageschrift Gerbohay: Bavaud wird von seinem übermächtigen Freund auf den Führer losgelassen), mit vielen Details auszuschmücken. Die Freundschaft zwischen den beiden wird zu einem alles überschattenden Hörigkeitsverhältnis emporstilisiert, zu einem Wahnsinns-Paar. Umgekehrt wird alles unterschlagen, was auf eine Autonomie von Bavaud deuten könnte.
Auch mit den Geschwistern (zwei von fünf) hat Urner erst Kontakt aufgenommen, nachdem er seine NZZ-Hörigkeitsthese bereits in die Welt gesetzt hatte. Auch hier kann er nicht mehr zurück. (Von den beiden Brüdern hat er übrigens nie die geringste Auskunft erhalten.) Jeder Hinweis auf die Möglichkeit, dass Bavaud aus eigenem Antrieb den Attentatsplan gefasst haben könnte, wird unterdrückt. Und so muss denn der tote Attentäter vor dem strengen Tribunal des Historikers Urner erscheinen und sich Antisemitismus, «Folie à deux» und allgemeine Leichtfertigkeit nachweisen lassen. Er wird nicht nur ins Gruselkabinett der Geschichte verwiesen, sondern auch in das Ordinationszimmer des Dr. Urner zitiert, welcher ihm eine Krankheit diagnostiziert, die alles erklärt.

Dagegen kann er sich nicht mehr wehren. Er hat auch nach dem Tod kein Glück.

※ ※ ※

Es soll hier übrigens nicht gegen K. Urner polemisiert werden, der eine sehr umfangreiche, streckenweise schöne Arbeit geliefert hat. Ihr Nachteil ist nur, dass bezüglich der Attentats-Motivation die Resultate feststanden, noch bevor die mündlichen Quellen erfasst waren, und dass die deutschen Akten, auf welche er sich in seiner NZZ-Publikation blindlings stützte, die Armatur geliefert haben für alles, was er später aufstöberte, als er, acht Jahre nach Beginn seiner Bavaud-Forschungen, und nachdem er erfahren hatte, dass wir nach Saint-Ilan und zur Familie gereist waren, endlich auch zu reisen begann und sich ein paar Mal von seinem Schreibtisch entfernte. Für die Darstellung von Frölichers Rolle muss man ihm, das sei ohne jede Ironie gesagt, sogar gratulieren, er hat in diesem Kontext ein mündliches Zeugnis beigebracht, das uns entgangen ist, nämlich die Erinnerung des ehemaligen NZZ-Korrespondenten in Berlin, Urs Schwarz, welches hier, weil Urner seine Etude einem akademischen Publikum reserviert hat (und weil man nie weiss, ob sein Buch auch wirklich erscheint), nicht übergangen werden soll. Urs Schwarz hat aus der Erinnerung folgende Aufzeichnung angefertigt:
«Während meiner Tätigkeit in Berlin als Korrespondent der NZZ (vom 15. Oktober 1940 bis 22. Dezember 1941) war ich anlässlich eines Routinebesuches bei Legationsrat Dr. Franz Kappeler auf der schweizerischen Gesandtschaft unfreiwillig Zeuge eines Telefongesprächs. Während der Unterhaltung mit Kappeler läutete das Telephon; er nahm den Hörer ab, und ich erhob mich, um mich diskret zurückzuziehen. Kappeler machte mir ein Zeichen, ruhig sitzen zu bleiben.
Jemand schien Herrn Kappeler zu fragen, was man zugunsten eines in Schwierigkeiten befindlichen Schweizers machen könne. Aus der Antwort Kappelers entnahm ich, dass es sich um einen Schweizer handle, der sich im Gefängnis befand und der verurteilt war.

Nr. 1525   C

    Berlin – Charlottenburg _____, den __14. Mai___ – 19 41

    Der Zeichner Maurice B a v a u d , katholisch ,

wohnhaft in ~~Bxxx~~ Neuchatel, / Schweiz , – – – – – – –
   bei den Eltern. – – – – – Rue de Seyon 12 _____ ,
ist am __14. Mai 1941___ um __6__ Uhr __00__ Minuten
in Berlin – Charlottenburg, Königsdamm 7 – – verstorben.
   Der Verstorbene war geboren am 15. Januar 1916 – – – –
in Neuchatel , / Schweiz , – – – – – – – – – – –
(Standesamt – – – – – – – – – – – – – Nr. – – – – –)

   Vater: Alfred Bavaud , – – – – – – – – – – – –

   Mutter: Helene Bavaud , geborene Steiner . – – – –

   Der Verstorbene war – nicht – verheiratet . – – – – –

   Eingetragen auf mündliche – ~~schriftliche~~ – Anzeige des Justizange-
stellten Heinrich Wienand , wohnhaft in Berlin- Lichtenberg
                                      Buggenhagenstraße 3.
   Der Anzeigende ist bekannt und erklärte, er sei von
dem Tode aus eigener Wissenschaft unterrichtet .

    Vorgelesen, genehmigt und unterschrieben
    Heinrich Wienand [Unterschrift]

              Der Standesbeamte
                         [Unterschrift]

_____

Todesursache: Enthauptung .

Eheschließung de__ Verstorbenen am _____ in _____
(Standesamt _____ Nr. _____)

Kappeler sagte: ‹Nein, nein, wir unternehmen nichts. Er ist ja selber schuld, r hätte das nicht zu machen brauchen.› Dann war das Gespräch mit den üblichen Abschiedsformeln zu Ende.
Ich konnte nicht anders, als Dr. Kappeler fragen: ‹Was ist das für ein Fall? Ist es etwas Ernstes? Ist es eine schwere Strafe?›
Dr. Kappeler antwortete: ‹Ja, schon›. Und dann machte er, *lachend*, mit der Hand die Geste des Kopfabschneidens und sagte: ‹Er wird geköpft›.»

Reisen 7

Vielfach Nebel und Hochnebel 12

Ein deutscher Onkel 23

Zielübungen 36

Reglementiertes Abenteuer 57

Das Schloss 71

Heimat 87

Heimat II 102

Eingeschlossen 106

Königsdamm 7, Berlin-Charlottenburg 120

Schriftverkehr 138

Unter den Linden 155

Juristen II (Wiedergutmachung) 164

Nachwort: Bavaud und seine Historiker 170